Vice-Amiral BIENAIMÉ

LA GUERRE NAVALE

1914-1915

("GŒBEN" ET "BRESLAU" — ADRIATIQUE — DARDANELLES — GUERRE SOUS-MARINE)

Fautes et Responsabilités

PRÉFACE

du

Lt-Colonel ROUSSET

ÉDITIONS JULES TALLANDIER

75, RUE DAREAU, 75, PARIS (14e)

LA GUERRE NAVALE

1914-1915

Vice-Amiral BIENAIMÉ

LA GUERRE NAVALE

1914 - 1915

("GŒBEN" ET "BRESLAU" - ADRIATIQUE - DARDANELLES - GUERRE SOUS-MARINE)

Fautes et Responsabilités

PRÊFACE

du

Lt-Colonel ROUSSET

Éditions JULES TALLANDIER, Paris
===== 75, rue Dareau (XIVe) =====

Tous droits réservés.

A MES ANCIENS CAMARADES DE LA MARINE, QUI AURAIENT
ÉTÉ SI HEUREUX DE JOUER, SUR MER, LE RÔLE DÉCISIF
AUQUEL LEUR VALEUR ET LA PUISSANCE DE LEUR MATÉRIEL
LEUR PERMETTAIENT DE PRÉTENDRE.

PRÉFACE

PRÉFACE

La dernière guerre a imposé à notre marine un rôle particulièrement ingrat. Elle devait s'attendre à n'acquérir que très exceptionnellement le lustre de la bataille, parce que, le coût de celle-ci étant très élevé, les flottes, dont la supériorité ne s'affirmait pas a priori, avaient avant tout le souci de l'éviter. Son action ne pouvait s'extérioriser par ces coups d'éclat que claironnent les « communiqués » et que jette aux échos la Renommée aux cent bouches. Elle a donc comporté surtout des actes de dévouement obscur qui, la plupart du temps, demeuraient ignorés et exigeaient plus de sacrifices qu'ils ne conféraient de gloire. Ce fut, pour nos officiers et nos équipages, une rude épreuve, toute d'abnégation et de dévouement.

Tenir la mer, de nuit et de jour, pendant de longs mois et par tous les temps, braver les torpilles qui frappent dans l'ombre et les mines traîtresses qui dérivent au hasard, assurer les transports, les ravitaillements, parfois même le périlleux et difficile sauvetage d'une armée en détresse, comme cela est arrivé pour les Serbes, en un mot rester maîtres des routes maritimes et les interdire à un ennemi qui n'opérait que par manœuvres sournoises, voilà la mission pénible et infiniment délicate qu'ont dû assu-

mer des navires souvent fatigués, dont les équipages surmenés voguaient sur des mers trop fréquemment destinées, hélas ! à devenir leur tombeau.

Cette mission, nos marins l'ont accomplie, dans son ensemble, non seulement avec la plus absolue fermeté et le plus grand courage, mais avec une adresse dont on ne saurait trop les louer. Surpris, comme l'armée du reste, en pleine crise de transformation, il leur a fallu créer de toutes pièces des moyens nouveaux répondant aux exigences d'une guerre nouvelle, et suppléer, à force d'ingéniosité, d'audace, de volonté, puis par un effort continu d'improvisation, à tout ce dont les privait une trop incomplète préparation d'avant-guerre. Il suffit de se reporter aux rapports officiels des commissions parlementaires pour s'assurer que, dans cet ordre d'idées, de véritables prodiges ont été réalisés.

Mais ne s'est-il pas rencontré, dans ce travail immense, des lacunes, des erreurs ou même des négligences ? Faut-il, oubliant les droits imprescriptibles de l'Histoire et de la justice, passer définitivement l'éponge sur certaines défaillances, humaines après tout, mais qui ne sont que trop évidentes et dont les conséquences ont pesé lourdement sur nos destinées ? En un mot, toutes les responsabilités sont-elles éteintes ou prescrites parce que l'éclat d'une victoire chèrement achetée a noyé dans ses rayons de flamme le souvenir des fautes qui ont pu la compromettre ou simplement la retarder ? Ce serait, je crois, une fâcheuse méthode dont ne tireraient même qu'un assez mince avantage ceux à qui elle conférerait ainsi, en quelque sorte par prétérition, un brevet d'infaillibilité.

Un fait demeurera incontestable. C'est qu'au début même de la guerre, deux croiseurs ennemis, le Gœben et le Breslau, égarés dans la Méditerranée que sillonnaient en sens divers notre redoutable armée navale et une forte division britannique, ont pu, non seulement « insulter » impunément les deux ports africains de Bône et de Philippeville, mais, évitant l'encerclement dont ils étaient menacés, gagner les eaux turques et se réfugier à Constantinople. Quand cet étrange événement fut connu, autant du moins que le laissait transparaître une censure dont la vigilance s'exerçait parfois un peu au rebours de l'opportunité, on s'en montra d'abord désagréablement surpris. Mais on ne le considéra alors que comme un de ces accidents de guerre qui déjouent souvent les précautions les mieux prises et déroutent les plus sages prévisions. Et puis, d'autres préoccupations plus graves absorbaient à ce moment l'attention publique. C'était l'époque où les Allemands étaient à Noyon et où l'on faisait des efforts successifs, d'ailleurs infructueux, pour les en chasser. Tous les yeux étaient fixés sur la frontière militaire des deux côtés de laquelle étaient cristallisées les armées, et nos cœurs haletants ne battaient qu'aux échos lointains du canon qui tonnait de ce côté.

Un jour vint cependant où l'on s'aperçut que l'évasion des deux corsaires boches entraînait des conséquences graves. La Turquie, domestiquée par le kaiser, entrait dans la lutte à ses côtés, et l'on se doutait bien que la présence du Gœben et du Breslau dans les eaux du Bosphore n'avait pas été étrangère à cette décision. De ce fait, et bien avant l'irruption des sous-marins dans la

Méditerranée, la maîtrise complète de cette mer nous échappait, puisque les communications qu'elle nous donnait avec la Russie étaient interceptées, et la prise à revers des empires centraux devenait beaucoup plus difficile. On sait la suite, et comment la malheureuse expédition des Dardanelles se transforma en une source de durs sacrifices, autant que de pénibles déceptions.

Ces fâcheuses découvertes, et la conviction devenue trop certaine que la solution du conflit oriental allait être prorogée sine die, *avaient ému le Parlement, qui, d'accord avec l'opinion, se demandait, non sans raison, s'il n'y avait pas, en cette affaire, autre chose qu'un mauvais coup du sort. Il chargea sa commission de la marine d'enquêter, et celle-ci, après examen, ne tarda pas à conclure que l'aveugle Destin n'était pas le seul coupable, ayant été puissamment aidé par toute une série de fautes imputables à ceux-là même dont la mission était de le conjurer. Un rapport fut établi, qui fixait nettement la nature de ces fautes et indiquait les personnages à qui il fallait les faire remonter. Mais ce rapport, des intrigues de couloir devaient l'empêcher de jamais voir le jour.*

Il fait la matière du présent livre, et c'est dire que celui-ci est fortement documenté. Son auteur, le vice-amiral Bienaimé, y dresse, avec rigueur, mais avec la clarté et la précision d'un véritable procès-verbal, le tableau des faits et gestes accomplis par notre armée navale, depuis son départ de Toulon dans l'été de 1914 jusqu'au moment où l'amiral de Lapeyrère en a quitté le commandement. Il nous la montre s'attardant à la protection des convois de troupes, tandis que les croiseurs boches lui faisaient la nargue, puis se stabilisant, après quelques courses vaines, dans une passivité sans profit. Et il n'hésite pas à déplorer les hésitations funestes par lesquelles furent perdues tant d'occasions de brusquer les choses, non moins qu'à stigmatiser la singulière attitude d'un ministre de passage, qui n'a pas craint de couvrir, après coup, des erreurs de doctrine qu'il eût dû être le premier à relever.

D'aucuns trouveront peut-être dans les jugements de l'amiral Bienaimé une certaine sévérité. Mais qui donc peut comprimer les bouillonnements de son âme quand il traite de questions touchant de si près à l'intérêt national ? Aussi bien, comme le lui écrivait un des prédécesseurs de M. Augagneur, il faut voir dans son livre, — j'allais dire son rapport, — « non point un réquisitoire, mais un effort voulu et obtenu d'impartialité et de justice ». Assurément, les responsabilités y sont dénoncées avec vivacité. Mais leur recherche s'arrête au point exact où les convenances commandent de borner la critique. Et j'ajoute que rien, dans les pages qu'on va lire, ne saurait contrister la marine, dont l'admirable dévouement n'est point en cause, et qui ne peut s'offusquer de voir exprimer le regret qu'on n'ait point, en toutes circonstances, utilisé intégralement sa valeur. Il s'agit ici, en vérité, d'un livre d'histoire, et l'Histoire, on le sait, ne permet ni les subtilités, ni les accommodements.

Lt-Colonel ROUSSET,

Ancien député de Verdun.

AVANT-PROPOS

AVANT-PROPOS

Un soir de la fin d'hiver de 1917, alors que la guerre nous paraissait déjà si longue, je ramenais chez lui un très ancien camarade avec lequel je suis en cette communauté de pensée qui ne peut manquer de se développer au cours de soixante années vécues ensemble dans un métier que l'on a sincèrement aimé.

Nous cheminions tristement. La conversation, qui tournait autour de nos espoirs tenaces mais tout de même un peu inquiets, finit par tomber sur l'influence qu'aurait pu exercer sur les événements et, en particulier, sur la durée de la guerre, un emploi plus énergique de nos forces maritimes, au début des hostilités. Je n'avais abordé le sujet qu'avec prudence, sachant mon ami très attaché à l'officier général qui avait eu, en 1914, la lourde tâche de conduire les destinées de nos escadres ; mais il y entra, lui, en plein, dès les premiers mots et, poursuivant ma pensée : « Quel malheur pour notre marine, dit-il avec feu, de n'avoir pas compris, en ce moment, le rôle qu'elle aurait pu remplir ! Jamais plus belle occasion ne s'était offerte d'effacer à jamais le préjugé qui, depuis si longtemps, a empêché les Français, hypnotisés par les grandes défaites de la Hougue et de Trafalgar, d'avoir confiance en elle. Quelle revanche si, profitant des occasions si favorables qui se sont présentées à lui, le commandant de l'armée navale de la Méditerranée avait manifesté sa puissance, notamment dans le Levant ! C'est là que se sont présentées les circonstances les plus favorables pour mettre fin à cette guerre qui dure encore et durera... jusqu'à quand ? Et c'est de là que sont parties toutes les complications qui l'ont rendue si longue ! »

Cette opinion ne pouvait me surprendre de la part de l'officier général qui, inaugurant, en 1896, ses conférences sur la tactique à l'École supérieure de marine qu'il venait de fonder, définissait la guerre : « un conflit brutal de forces humaines et matérielles dans lequel *les hésitations et les demi-mesures ont été de tout temps des causes d'insuccès* ».

Il n'y eut pas, hélas ! en 1914, que des hésitations et des demi-mesures. Je savais, par les recherches que la Commission de la marine de la Chambre m'avait autorisé à faire en 1916, les fautes auxquelles nous devions la faillite de nos espérances ; mais je ne crus pas pouvoir les dévoiler à mon ami, parce que c'était encore le secret du Parlement, sur lequel je comptais pour tirer, du travail que je venais de terminer, les conclusions nécessaires.

Mais la législature s'est achevée sans qu'il en ait été saisi. La Commission qui m'en avait chargé, dominée par un de ses membres, M. Augagneur, qui avait intérêt à étouffer la lumière, n'a jamais voulu lui donner de suite officielle. Prétextant de son incompétence à discuter les questions qu'il soulevait, et auxquelles elle voulait rester étrangère à cause, disait-elle, de leur caractère technique, invoquant des raisons d'opportunité et de discrétion fort discutables lorsque l'on considère que la Commission de l'armée ne s'était jamais arrêtée à des scrupules de ce genre, elle se cantonna dans une inertie que rien n'a pu vaincre.

A une proposition de résolution déposée le 9 avril 1919 par soixante-treize membres de la Chambre, appartenant à tous les partis, la sommant de publier le dossier qu'elle détenait, elle répondit par une fin de non-recevoir, alléguant « que les événements de la guerre maritime ne devaient pas être examinés et appréciés séparément de ceux de la guerre sur terre ». Une pareille réplique, alors que la Commission de l'armée n'a cessé de rapporter par dizaines et par centaines, en vue d'éclairer le gouvernement, tous les faits de la campagne militaire, ne pouvait arrêter la Commission du règlement chargée de dénouer le conflit, qui, le 24 juin, conclut quand même à la publication du dossier (1) ; mais les travaux du Parlement ne permirent pas de mettre son rapport à l'ordre du jour, et c'est ainsi, comme le souhaitaient ceux qui tenaient à l'enterrer, que l'affaire fut, parlementairement, étouffée.

La question qui se pose est de savoir si elle doit l'être

(1) L'annexe n° 1 (p. 299) énumère les pièces du dossier constitué par nos soins à la Commission de la marine de la Chambre, et dont le présent ouvrage est l'analyse. Une collection a été adressée au ministre de la marine pour être déposée dans les archives de son département, le 11 mars 1919. Accusé de réception le 23.

devant l'opinion publique, et à cela nous répondons : « non ».

Le moment est venu de la reprendre. Plus de cinq années ont passé depuis que se sont accomplis les faits que j'ai eu la mission d'analyser.

Ils appartiennent désormais à l'histoire, et l'on n'a pas le droit de les lui dissimuler plus longtemps, d'abord parce qu'ils comportent d'utiles leçons, mais aussi parce que, devant être certainement repris un jour ou l'autre par les chroniqueurs, — et ils l'ont déjà été, — il convient de jeter dans la discussion, avant qu'ils ne soient submergés par la légende, le témoignage de ceux qui les ont vécus. « L'histoire ne peut rendre ses arrêts que dans le recul des temps », dit-on souvent, et c'est un argument dont ne manquent jamais de se servir ceux qui ont intérêt à en retarder les jugements ; mais il est au moins aussi juste d'affirmer qu'elle ne peut avoir d'autre base solide que l'ensemble des appréciations des contemporains, entre lesquelles son mérite est de découvrir les plus sincères et les mieux documentées.

Pascal l'a dit : « Toute histoire qui n'est pas contemporaine est suspecte », et Stendhal a justement ajouté : « La postérité ne pourra guère se fier qu'aux historiens contemporains, car on sent chez eux le ton de la vérité » (1).

Sous ce rapport, nos descendants n'auront pas à se plaindre, au point de vue militaire, car jamais il n'aura été

---

(1) Ces deux pensées ont été invoquées dans l'avant-propos de *Secret de la Frontière*, écrit en 1918 par M. Engerand, député du Calvados.

réuni de documentation plus riche et plus vivante que celle fournie par les plus grands écrivains militaires de notre époque, sur l'action de nos armées de terre telle qu'elle s'est déroulée au cours du formidable conflit qui vient de bouleverser le monde. En dehors de ce qu'ont écrit les acteurs mêmes du drame, les Rousset, les Madelin, les de Civrieux et tant d'autres en ont fixé toutes les scènes dans des œuvres magistrales qui permettront aux générations futures d'en dégager, grâce au recul du temps, les superbes leçons.

Mais il n'en est pas de même pour l'action maritime. Si les Le Goffic, les Vedel, les René Milan et leurs émules ont écrit, dans des livres où ils ont mis tout leur cœur, la gloire de nos marins, s'ils ont chanté l'épopée de la brigade des fusiliers de Dixmude, des canonniers de Verdun et de Champagne, s'ils ont célébré l'héroïsme de ceux des Dardanelles et la tâche plus obscure mais d'autant plus impressionnante des vainqueurs de la guerre sous-marine, personne n'a tenté, jusqu'ici, de présenter l'action navale dans ses ensembles et, en particulier, de répondre à la question angoissante que se sont posée tous ceux qui, convaincus de l'importance de « la maîtrise de la mer » qu'avec nos alliés nous possédions sans conteste, ont dû constater que l'on n'en avait peut-être pas tiré tout le parti que l'on pouvait en espérer.

Les situations que j'ai occupées me permettent au moins de le tenter.

Comme chef d'état-major général, chargé de la préparation à la guerre navale, après avoir été directeur de l'École supérieure de marine qui en définit les méthodes, j'ai eu pendant vingt ans la préoccupation constante du rôle que nos forces navales auraient à jouer en cas de conflit. J'avais jeté, en 1901, les bases du programme pouvant nous permettre de le remplir, et c'est parce que je l'ai vu bouleverser par un ministre désorganisateur que j'ai quitté le métier dans lequel je me sentais désormais impuissant à servir utilement mon pays, pour essayer de le faire au Parlement, où je fus, en effet, beaucoup plus heureux.

Étant de ceux — je peux le dire sans forfanterie, tout le monde le sait — qui ont le plus contribué à la préparation qui avait mis notre marine dans la situation satisfaisante qu'elle occupait en août 1914, j'avais des titres particuliers à rechercher pourquoi l'on n'avait pas fait de l'instrument que nous avions développé, l'usage que nous étions en droit d'en attendre. Les documents qui ont été mis à ma disposition m'ont permis d'en démêler les causes. Faut-il les taire? Je ne le crois pas, parce que, comme l'a dit M. Doumer au Sénat, en février 1919, à l'appui d'une proposition d'enquête sur les faits de la guerre, « *le pays a le droit de connaître la vérité tout entière* », mais aussi parce que j'éprouve le besoin de me couvrir, en raison de la responsabilité que j'ai prise de soutenir au Parlement la nécessité des sacrifices demandés pour nous assurer la flotte de notre politique, et celle que je n'ai pas cessé d'assumer directement devant les électeurs, dans les nombreuses réunions où m'appelait mon mandat législatif, et dans lesquelles j'ai hautement proclamé, pour leur faire envisager avec calme les événements qui paraissaient chaque jour plus inévitables, que si nous devions subir la guerre nous en sortirions vainqueurs, et même assez vite, parce que, grâce à la politique d'alliances qu'avait suivie le gouvernement, nous aurions la maîtrise de la mer.

A ceux qui auraient, aujourd'hui, le droit apparent de me dire que je les ai trompés et d'ajouter que jamais guerre n'a mieux prouvé l'inutilité des flottes, et qu'il convient même de les supprimer, puisque celle de l'Allemagne a été vaincue et conduite à la plus humiliante des capitulations par le maréchal Foch et ses soldats, je dois une réplique.

Sans vouloir enlever à l'éminent ami avec lequel je faisais, il y a vingt ans, à l'École de guerre, des conférences sur la nécessité de « l'action offensive », et qui, à la même époque, était venu étudier sur la Division navale de l'École supérieure de marine, que je commandais, le jeu des opérations combinées, la gloire qui lui revient pour avoir finalement terrassé l'ennemi flottant par ses victoires militaires, il me permettra bien de dire, parce que je sais qu'il le pense, que c'est parce que nous possédions la mer que nos armées de terre ont eu le temps et les moyens de gagner la guerre.

Sur ce point, la démonstration est faite une fois de plus : « l'empire des mers » a déterminé l'écrasement final des empires du centre qui avaient déchaîné le conflit avec l'espoir de conquérir le monde ; c'est un nouveau chapitre à ajouter au magnifique ouvrage que l'amiral Mahan, de la marine des États-Unis, a écrit, il y a trente-cinq ans, sur « l'influence de la puissance maritime dans l'histoire ».

Mais il y a un autre aspect de la question, et c'est celui que nous avons envisagé ici : c'est de savoir si la défaite de l'Allemagne n'eût pas été obtenue plus vite et mieux si les opérations navales avaient été conduites, en Méditerranée, où se sont présentées des circonstances éminemment favorables à l'offensive, avec cette vertu conquérante qui s'appelle l'énergie et qui impose spontanément son empire.

J'en suis convaincu, et c'est pour le démontrer que j'ai écrit ce livre, sans autre passion que celle de la vérité.

CHAPITRE PREMIER

LA PÉRIODE PRÉLIMINAIRE

SITUATION DES FORCES NAVALES
EN MÉDITERRANÉE

Si les événements qui se sont déroulés sur terre au lendemain de l'agression brutale de l'Allemagne ont fait ressortir de graves lacunes, surtout au point de vue du matériel, dans notre préparation militaire proprement dite, il n'en était pas de même dans la marine.

L'ensemble de nos forces navales, au 1ᵉʳ août 1914, répondait au but que nous nous étions fixé, d'avoir, dans la Méditerranée, une puissance capable d'en disputer la maîtrise avec avantage à l'Italie et à l'Autriche, que la situation des alliances européennes pouvait, normalement, mettre en face de nous. Grâce au programme de constructions qu'après six ans d'efforts persévérants nous avions fait voter en 1912 et aux mises en chantier qui avaient précédé son adoption, nous étions, au moment de la guerre, en pleine période de réalisation.

Le *Jean-Bart*, le *Courbet*, le *Paris* et la *France*, avec leurs 23 500 tonnes et leurs douze canons de 305, entraient ou étaient à la veille d'entrer en service ; la *Bretagne*, la *Provence* et la *Lorraine*, portant dix canons de 340, devaient être prêts, au plus tard, pendant le premier semestre de 1915; la *Flandre*, la *Gascogne*, le *Languedoc* et la *Normandie*, de 25 000 tonnes, avec douze canons de 340, étaient promis pour le 1er juillet 1916.

Nous construisions, en outre, de nombreux torpilleurs d'escadre dont l'entrée en service s'échelonnait du 1er juillet 1914 au 1er juillet 1915, en même temps que vingt-cinq submersibles de 500, 600 et 800 tonnes, dont treize devaient être prêts en 1914, six en 1915 et les derniers en 1916. C'était, dans nos arsenaux, une activité que nous n'avions jamais connue, et qui nous donnait la certitude d'accroître, au fur et à mesure des besoins, l'avance légère, mais certaine, que nous avions déjà sur nos adversaires probables dans la Méditerranée, où devait, en cas de conflit, s'exercer notre action principale. La force relative des flottes française, italienne et autrichienne, résumée par espèces de navires en service au 1er août 1914, était la suivante :

FRANCE.	AUTRICHE.	ITALIE.	AUTRICHE ET ITALIE.
Cuirassés antérieurs à 1900.			
Jauge.	Jauge.	Jauge.	Jauge.
11.. 126.150 t.	6.... 41.820 t.	5.... 63.300 t.	11.. 105.120 t.
Cuirassés postérieurs à 1900.			
15.. 283.500 t.	8.... 113.800 t.	10... 164.600 t.	18.. 278.400 t.
Total des cuirassés.			
Jauge.	Jauge.	Jauge.	Jauge.
26.. 409.650 t.	14... 155.620 t.	15... 227.900 t.	29.. 383.520 t.

Croiseurs-cuirassés antérieurs à 1900.

4..	19.860 t.	3....	16.790 t.	6....	39.800 t.	9...	56.590 t.

Croiseurs-cuirassés postérieurs à 1900.

18..	192.800 t.	1....	7.420 t.	4....	41.600 t.	5...	49.020 t.

Total des croiseurs-cuirassés.

22..	212.660 t.	4....	24.210 t.	10...	81.400 t.	14..	105.610 t.

Croiseurs protégés.

19..	66.380 t.	9....	22.200 t.	20...	35.060 t.	29..	57.260 t.

Torpilleurs d'escadre.

75..	32.100 t.	25...	12.180 t.	33...	14.610 t.	58..	26.780 t.

Petits torpilleurs.

126..	29.190 t.	55...	7.824 t.	103..	14.280 t.	158.	22.104 t.

Les flottes sous-marines se présentaient ainsi :

FRANCE : 50 submersibles offensifs jaugeant ensemble 18 372 tonnes, soit 367 en moyenne.

AUTRICHE : 6 sous-marins ou submersibles jaugeant 1 392 tonnes, soit 232 en moyenne.

ITALIE : 19 sous-marins ou submersibles jaugeant 4 150 tonnes, soit 218 en moyenne.

ITALIE et AUTRICHE : 25 sous-marins ou submersibles jaugeant 5 542 tonnes, soit 222 en moyenne.

Ces chiffres font ressortir qu'en cas de guerre entre la Triple Entente et la Triple Alliance, notre armée navale, qui avait été concentrée en Méditerranée à la fin de 1913, était capable d'y soutenir avantageusement la lutte contre les forces maritimes coalisées de l'Autriche et de l'Italie et de remplir, dans la grande mer intérieure où s'était si souvent joué le sort de la civilisation à travers les siècles, le rôle héréditaire que nous avions le devoir de revendiquer.

C'était la réalisation du but que s'étaient fixé les promoteurs du plan de construction, sanctionné par la loi du 30 mars 1912, pour répondre, dans la limite de nos moyens, à la politique d'alliances poursuivie par les gouvernants de la troisième République, et derrière laquelle s'apercevait nettement la volonté d'encercler les empires du centre du côté de la mer, s'il fallait répondre un jour aux menaces qui se dessinaient à l'horizon.

II

L'ACTION DES ÉTATS-MAJORS

Bien qu'il fût manifeste qu'aucune des puissances de l'Entente ne voulait la guerre, les états-majors, dont la tâche est de prévoir et de préparer, ne pouvaient pas rester indifférents aux inquiétudes que semait dans le monde militaire l'accroissement continu des armements de l'Allemagne, souligné par des manifestations chaque jour plus provocantes. Ils avaient d'autant plus le devoir d'y penser qu'il s'agissait, en l'espèce, d'une action commune exigeant, pour être efficace, des combinaisons arrêtées à l'avance, sous peine de courir les aventures qu'entraîne fatalement la dispersion des efforts. Ils commencèrent paréchanger des idées, mais, à mesure que l'horizon s'assombrissait, ils s'aperçurent qu'il fallait faire davantage et fixer dans des conventions fermes le rôle de chacun. Ce fut pour répondre à ce besoin, qu'avec l'assentiment des deux gouvernements britannique et français, ils se mirent à l'œuvre dans les conditions déterminées par un échange de lettres, portant les dates du 22 et du 23 novembre 1912, entre le ministre anglais des affaires étrangères, sir Edward Grey, et notre ambassadeur à Londres, M. Paul Cambon.

Il y était précisé que, « si les consultations entre spécialistes qui étaient prévues ne devaient pas être considérées comme des engagements obligeant l'un ou l'autre gouvernement à agir dans une éventualité qui pouvait ne pas se produire, les deux étaient d'accord que, si l'un ou l'autre avait un motif grave d'appréhender, soit une attaque non provoquée de la part d'une tierce puissance, soit quelque événement menaçant pour la paix générale, ce gouvernement examinerait immédiatement avec l'autre si les gouvernements devraient agir de concert en vue de prévenir l'agression ou de sauvegarder la paix, et, dans ce cas, discuter quelles mesures ils sont disposés à prendre en commun ».

Et les deux lettres se terminaient par cette phrase textuellement reproduite dans chacune d'elles : « *Si ces mesures comportaient une action, les gouvernements prendraient aussitôt en considération les plans de leurs états-*

majors et décideraient alors la suite qui devrait être donnée à ces plans » (1).

C'est dans cet ordre d'idées que les techniciens maritimes se mirent à l'œuvre et aboutirent, le 10 février 1913, à une convention dans laquelle, s'inspirant des leçons de l'histoire maritime, qui n'ont cessé de démontrer le danger de l'emploi, sur un même champ de bataille, de forces coalisées, ils s'étaient attachés à définir des zones d'action séparées dans lesquelles des groupes désignés, agissant sous les ordres d'un chef unique, devaient se charger de parties, désignées aussi, de forces ennemies. Cette solution se trouvait d'autant mieux indiquée que, par suite de leur situation géographique, les marines de la Triple Alliance se trouvaient forcément éloignées les unes des autres au début des hostilités à prévoir.

La thèse de l'Angleterre, indiscutable d'ailleurs, désignait la mer du Nord comme le théâtre décisif des opérations, et ses techniciens déclaraient qu'il était nécessaire au succès final d'y concentrer toutes leurs forces pour écraser l'escadre allemande. Mais, en présence des effectifs insuffisants des forces françaises pour en faire autant, en Méditerranée, des escadres italiennes et autrichiennes, ils consentaient à maintenir de ce côté l'appoint nécessaire et, pour respecter le principe de l'action séparée, il fut convenu que la Grande-Bretagne maintiendrait dans le Midi, en temps de paix comme en temps de guerre, une force suffisante pour combattre avec chances de réussite la flotte autrichienne, qu'elle se chargerait

(1) Annexe n° 2 : Lettres échangées au sujet de l'action éventuelle des alliés, p. 300.

en outre de la protection du bassin oriental et de toute opération jugée utile de ce côté pour l'intérêt général des alliés, et en particulier d'empêcher toute jonction entre cette flotte autrichienne et celle de l'Italie pendant que l'armée navale française aurait la tâche de rechercher la flotte italienne, de l'amener au combat et, en agissant contre elle, de garder les routes du bassin occidental.

Tel fut le plan primitivement arrêté.

Mais l'engagement pris par le gouvernement britannique de se charger de la flotte allemande permettait d'entrevoir la possibilité, pour nous, de concentrer dans le Midi tous nos bâtiments de combat et d'y réunir prochainement, grâce à l'accroissement rapide d'une puissance alimentée par l'activité de nos chantiers de construction, des forces suffisantes pour combattre à la fois celles des deux adversaires que nous étions appelés à y rencontrer. Cette éventualité faisait escompter le retour d'une partie des navires anglais dans le nord, et c'est pour cela que la convention spécifiait que, « si le nombre des bâtiments anglais laissés dans la Méditerranée n'était plus suffisant pour agir séparément contre la flotte autrichienne, les navires restant se joindraient à la flotte française, en temps de guerre, *et opéreraient sous les ordres de l'amiral français, commandant en chef* ».

Ce fut la situation de fait, dès la fin de l'année 1913. La concentration de nos escadres en Méditerranée, opérée à la suite des grandes manœuvres, avait permis au gouvernement anglais de réduire à :

3 croiseurs cuirassés,

3 croiseurs protégés,
2 avisos torpilleurs,
10 destroyers,

la composition de son escadre de la Méditerranée qui, à la date de la signature du protocole du 10 février 1913, comprenait :

6 cuirassés,
4 croiseurs cuirassés,
4 croiseurs protégés,
4 avisos torpilleurs,
10 destroyers,
6 sous-marins ;

et la répartition nouvelle donnait à la convention son caractère définitif : dans le nord, le commandant en chef des forces navales anglaises, avec le concours de quelques navires français plus spécialement chargés de la surveillance de nos côtes, avait la charge totale de la flotte allemande ; celui de notre armée navale, assistée des bâtiments que l'Amirauté britannique laissait en Méditerranée, prenait dans cette mer intérieure la direction des opérations. L'unité de commandement par zone se trouvait ainsi réalisée, et chacun des chefs éventuellement désigné pour l'exercer pouvait établir d'avance ses projets (1). L'amiral de Lapeyrère paraît bien ne pas y avoir manqué, car, peu de temps avant la guerre, dans une conférence tenue en présence des officiers de l'École

---

(1) Nous avons dû nous contenter d'analyser la convention du 10 février 1913, parce que c'était un document de caractère secret, que nous ne pouvons reproduire *in extenso*, mais nous en avons donné ici le sens exact.

supérieure de marine qui venaient d'assister aux grandes manœuvres d'été, il lut un « memorandum » aux termes duquel il se proposait de conquérir, dès les premiers jours des hostilités, la maîtrise de la Méditerranée, en détruisant d'abord l'escadre italienne, puis l'escadre autrichienne.

III

L'ATTITUDE DE L'ITALIE

Les choses en étaient là, lorsqu'au cours du mois de juillet 1914 les événements qui devaient déchaîner le conflit se produisirent.

On s'aperçut bien vite qu'on allait se trouver en présence de l'éventualité envisagée dans les conversations engagées entre les gouvernements français et britannique en 1912 ; on eut plus « que de graves raisons d'appréhender une attaque non provoquée », on eut la certitude qu'elle allait se produire. C'était la guerre !

Pour nous, le plus impérieux devoir était de surveiller le principal adversaire probable, la flotte italienne, et, dans ce but, l'armée navale française, concentrée à Toulon, se tenait prête à tout événement.

Notre gouvernement, qui ne pouvait manquer de faire surveiller ses mouvements, tenait le commandant de nos forces navales au courant de tous les renseignements qu'il pouvait recueillir sur la situation des forces avec lesquelles nous étions exposés, d'un instant à l'autre, à entrer en conflit

Il le prévenait le 26 juillet que la 1re et la 3e division de la 1re escadre italienne étaient à Brindisi, la 5e division à Venise, la 2e division de la 2e escadre à Gaëte, la 4e à la Spezzia ; que le *Dandolo* était dans la mer Égée, le *Pisani* et deux escadrilles de torpilleurs en Albanie.

L'escadre autrichienne était à Cattaro à la même date ; le *Gœben* était à Pisano le 23 et le *Breslau* à Durazzo.

La situation était loin d'être menaçante. Le 30, il signalait, d'après des renseignements venus de Rome, que la 2e escadre italienne paraissait devoir se concentrer à Gaëte et la 1re escadre à Tarente, mais que sa 1re division était toujours à Brindisi et que les torpilleurs de haute mer étaient à Tarente.

Le 1er août, aucune des concentrations annoncées ne s'était produite ; il n'y avait pas traces de mobilisation ; on s'était contenté de rappeler les officiers et les hommes en congé de longue durée.

Il ressortait nettement de ces renseignements que la marine italienne ne se préparait pas à entrer en campagne, et qu'en tout cas, s'il y avait quelque chose à entreprendre contre elle, c'était vers la partie méridionale de la péninsule qu'il fallait aller pour s'opposer à toute velléité de concentration. Mais on n'eut même pas le temps d'y songer, car, dès le 3, l'Italie déclarait sa neutralité, qui fut immédiatement notifiée au commandant en chef de l'armée navale.

L'événement était considérable. Nous n'allions plus

avoir devant nous que le *Gœben* et le *Breslau*, en attendant que l'Autriche nous déclarât la guerre.

« L'Italie, dans la claire vision de son génie latin, nous a notifié qu'elle entendait garder sa neutralité », avait déclaré solennellement le président du conseil dans l'inoubliable séance du 4 août, et tous les membres de notre Assemblée, se levant ensemble, d'un mouvement spontané, avaient souligné par leurs vivats et leurs applaudissements prolongés l'importance de l'événement. C'était d'abord, comme l'a si éloquemment exprimé ce jour-là M. Viviani, « la joie sincère et réconfortante de voir la sœur latine, à laquelle nous étions liés par le même idéal et un passé de gloire commun, revenir vers nous, la main généreusement tendue, pour attester que, pour la défense du droit et de la justice, tels que notre génie commun les a faits, nous ne pouvions être opposés ». Mais c'était, en même temps, la levée des charges que nous imposait la protection de notre frontière du sud-est, la ruine de la combinaison triplicienne, et la possibilité de concentrer toutes nos armées de terre contre l'agression formidable dont nous allions avoir à subir, seuls, dans le nord-est, pendant les premiers mois, le poids écrasant.

Pour les marins, pour ceux qui savaient le rôle que pourraient jouer les forces navales dans le conflit, c'était, en outre, l'assurance de la maîtrise absolue de la mer historique où se sont dénouées si souvent les destinées de la civilisation, et toutes ses conséquences : le blocus économique, qui devait jouer dans la guerre un rôle si important, plus étroitement assuré ; le champ ouvert à toutes les opérations de diversion permettant de prendre les empires du centre à revers par leur côté le plus faible ; la possibilité de déterminer, par des manifestations de puissance qu'il suffirait de vouloir, la coalition des neutres hésitants. Comme résultat, c'était le maintien de nos communications avec la Russie et toutes ses conséquences indispensables pour la facilité de nos ravitaillements réciproques ; c'était peut-être — et les faits en ont montré la possibilité — l'espoir d'aller signer les préliminaires de paix à Constantinople et y régler une fois pour toutes les questions qui, après avoir si longtemps troublé l'Europe, venaient d'y mettre le feu. Et c'étaient alors les événements précipités, la fin plus rapide d'une guerre qui, en se prolongeant, devait fatalement ruiner le monde, et dont l'issue apparut lointaine dès que l'on s'aperçut — et ce fut très vite — qu'elle était condamnée à se poursuivre dans la défensive de fronts stabilisés qui se faisaient chaque jour plus impénétrables.

Quelles espérances ! Et aussi quelle satisfaction pour ceux qui s'étaient attachés, depuis dix ans surtout, à doter notre pays de la puissance navale répondant à la politique d'alliance derrière laquelle nous entrevoyions, en cas de conflit, la libération définitive des menaces que faisait peser sur le monde l'ambition allemande !

Mais, pour répondre à d'aussi belles prémisses, il eût fallu que, dès les premiers jours de la guerre, l'activité de nos escadres répondît à leur supériorité. Nous avons le triste devoir de constater que ce fut le contraire et que, par une déplorable fatalité, ceux qui avaient la charge de les utiliser semblent s'être appliqués à les conserver intactes, en vue d'un but imaginaire dont le moindre tort était de les soustraire au rôle offensif pour lequel nous les avions préparées.

IV

LA THÉORIE DE LA FLOTTE INTACTE

L'opinion publique n'avait pas été sans s'émouvoir d'une inertie maritime qui contrastait singulièrement avec l'activité qui soulevait le pays au moment où la menace allemande prenait corps et où tous les Français, avec le calme impressionnant que leur donnait le sentiment du devoir, se précipitaient vers les frontières. « Que fait donc la marine ? » se demandait-on de toutes parts. Et comme on n'en disait rien, on ne fut pas long à conclure qu'elle n'en faisait pas davantage. Mais les préoccupations plus immédiates que donnaient les graves événements qui se déroulaient à ce moment sur terre la détournèrent d'autant plus de l'action navale que l'absence du gouvernement, parti pour Bordeaux au début de septembre, la suppression des Chambres et le silence de la presse ne permettaient pas de se renseigner.

Ce fut seulement à la fin de décembre 1914 que les membres du Parlement purent prendre un premier contact avec le ministre de la marine, M. Augagneur, pour essayer de faire quelque lumière au sujet des rumeurs douloureusement concordantes qui laissaient entrevoir que la flotte française avait fait preuve de la plus déconcertante inertie au moment où tout était, non seulement possible, mais facile, dans la Méditerranée, et y avait perdu toutes les occasions d'y entreprendre des opérations dont certaines auraient pu être décisives. Les réponses que l'on fit alors à leurs interrogations inquiètes dénotèrent, chez ce ministre, la plus inquiétante incompréhension du rôle qu'elle avait à remplir. Pour M. Augagneur, il se bornait à « la protection du passage des troupes françaises et anglaises à travers la Méditerranée ». Il en soulignait les difficultés en disant qu'au début de la guerre nous n'étions pas assurés de la neutralité de l'Italie et que la présence du *Gœben* et du *Breslau* était dangereuse pour nous ; mais, concluait-il, « comme les transports se sont faits sans accident, que notre flotte était intacte et que l'on était arrivé au même résultat que par le combat, tout était pour le mieux ».

Nous verrons plus loin s'il n'eût pas été préférable, même au prix de quelques risques, de commencer par chercher à détruire l'ennemi flottant qui, seul, menaçait la sécurité des transports, et de se débarrasser ainsi d'adversaires qui devaient jouer, dans la suite, un rôle impressionnant ; mais il convient dès maintenant de s'arrêter à la pensée qu'avait exprimée le ministre de la marine en présentant comme un succès le fait que nous avions conservé notre « flotte intacte ». C'était, hélas ! l'idée maîtresse de celui qui, par les hasards d'une combinaison politique, venait de prendre, en pleine guerre, la direction de notre action navale. « Dans le nord, exposait-il un jour à la Commission de la marine avec une imperturbable assurance, il y aura vraisemblablement

bataille entre la flotte anglaise et la flotte allemande ;
même victorieuse, la première subira *certainement* de
graves pertes en unités de combat et en hommes ; il sera
donc intéressant, pour la France, de venir la soutenir
avec une *flotte intacte* et d'arriver à la paix avec un sérieux appoint. » Puis, insistant plus tard sur cette conception singulière, il ajoutait, pour répondre aux objections qu'on n'avait pas manqué de lui faire, « que c'était
l'opinion de l'amiral de Lapeyrère et que, tout en se gardant, lui, ministre, de donner des ordres militaires, il
approuvait complètement la manière de voir du commandant en chef » (1).

Conception bien singulière, vraiment, quel qu'en soit
l'auteur, car elle repose sur l'audacieuse invraisemblance
de voir la « grande flotte » britannique, malgré son écrasante supériorité, décimée par son antagoniste allemande,
au point d'avoir besoin de secours pour échapper au
danger d'une attaque renouvelée par un adversaire qui
n'aura pu manquer d'être fortement atteint, et elle ne
tient pas compte de l'impossibilité, pour nous, de quitter
la Méditerranée, dont nous avions la charge, avant de
l'avoir purgée de tous les bâtiments allemands ou autrichiens pouvant en troubler la tranquillité, et sans y
avoir, par conséquent, exécuté les offensives nécessaires
et affronté les risques auxquels la théorie de la flotte
intacte défendait de s'exposer.

Erreur grave, donc, mais encore plus fatale, car elle
va peser sur toute notre action navale et compromettre

(1) Procès-verbaux des séances de la Commission de la marine des
22 janvier et 11 mars 1915.

les résultats décisifs qu'auraient certainement atteints nos escadres si leur chef, au lieu d'être dominé par elle, avait su ou voulu profiter des occasions qui se sont présentées dès les premières heures des hostilités, et dont la plus importante lui fut offerte par l'incertitude des manœuvres auxquelles se trouvaient acculés à ce moment le *Gœben* et le *Breslau*.

En manquant alors à la règle essentielle de la guerre, qui est de marcher à l'ennemi et de subordonner à cet objectif absolu tous les objectifs relatifs, le commandant en chef de nos forces navales a commis une faute d'autant plus grave que le gouvernement avait tout fait pour la lui rappeler.

CHAPITRE II

L'ÉVASION DU *GOEBEN* ET DU *BRESLAU*

I

LES INSTRUCTIONS D'AVANT-GUERRE

L'évasion du *Gœben* et du *Breslau* du cercle de fer et de feu formé par l'armée navale française, concentrée tout entière dans la Méditerranée, assistée par trois croiseurs de bataille anglais, appuyée par de puissantes flottilles de contre-torpilleurs et de sous-marins, est un des événements les plus singuliers de cette guerre.

« Je doute que deux vaisseaux aient jamais joué un rôle semblable dans l'histoire »... « Leur entrée dans les Dardanelles, en scellant définitivement l'alliance germano-turque, était l'aboutissement logique de toutes les intrigues et les machinations qu'avait ourdies, trois ans durant, le représentant de Guillaume II à Constantinople, M. Wangenheim »... « C'est de ce fait que la guerre a duré tant d'années, parce que ce fut l'événement décisif qui sépara la Russie de ses alliées, qui, en moins d'un an, amena sa défaite et son écroulement. » Ces phrases, extraites des *Mémoires* de M. de Morgenthau (1), qui, comme ambassadeur des États-Unis à Constantinople, a vécu sur place toutes les phases de l'événement qui, en

(1) Payot et Cⁱᵉ, éditeurs.

faisant entrer prématurément la Turquie dans la guerre, en a bouleversé le cours, sont l'expression de vérités d'autant plus incontestables aujourd'hui que Ludendorff a déclaré lui-même : « L'entrée en guerre de la Turquie a permis à l'Allemagne de durer deux ans de plus. »

C'est de là que sont nées les complications et les difficultés qui, par la suite, se sont développées contre nous, alors qu'une action immédiate et plus vigoureuse de la part des alliés aurait peut-être pu non seulement les éviter, mais les faire tourner à notre avantage.

Et n'est-ce pas au cours des deux années visées par Ludendorff que se sont produits les désastres de la guerre sous-marine à outrance de 1917, un instant si inquiétants ; l'effondrement de la Russie, qui, en dehors de ses graves répercussions sur notre front, devait entraîner le désastre économique qui pèsera longtemps encore sur le monde ; les dévastations sauvages de notre sol, pour de si longues années irréparables ; les événements du printemps de 1918, où les plus optimistes ont pu douter de la victoire, et où se sont accumulés le plus de morts sur nos fronts de bataille ?

Sur les causes de tant de misères, l'opinion, surexcitée par la gravité des conséquences, veut être éclairée. Notre devoir est d'essayer de le faire. Mais, pour la recherche de certaines responsabilités, il convient tout d'abord de fixer le rôle que devait remplir notre armée navale en Méditerranée.

Il était subordonné, à la nécessité, imposée par le plan de concentration de nos armées, de rapatrier le plus rapidement possible le XIXe corps stationné en Algérie, en même temps que la majeure partie des troupes d'occupation du Maroc et de la Tunisie. Le problème comportant des solutions diverses, il était essentiel de ne pas s'exposer à hésiter entre elles au moment de l'action, et, pour y parer, le Conseil supérieur de la Défense nationale en avait délibéré. Après avoir pesé les avantages et les inconvénients de celles que l'on pouvait envisager, il avait précisé que la meilleure était de faire partir les transports isolément, à charge pour eux de se rendre à toute vitesse vers leur port de destination, pendant que l'armée navale rechercherait la maîtrise de la mer par une offensive rapide et vigoureuse contre tout ennemi flottant pouvant en menacer la tranquillité. C'était la véritable doctrine militaire ; elle avait été indéfiniment admise, et consacrée pour la dernière fois, avant la guerre, dans des instructions générales portant la date du 7 avril 1914.

Les choses en étaient là lorsque le commandant en chef de l'armée navale, qui avait cependant assisté aux délibérations du Conseil supérieur de la Défense nationale et avait même contribué à la rédaction de ses propres instructions, fut pris d'hésitations qu'il crut devoir exprimer au ministre de la marine dans une lettre du 28 juillet. Il y proposait, en opposition complète avec les dispositions arrêtées d'avance, de réunir les transports de troupes en convois directement escortés par ses bâtiments de combat.

Le 30, le gouvernement, manifestement étonné, lui répond par télégramme qu'il ne peut en rien modifier ses instructions en un pareil moment, et il lui en expose les raisons dans une longue lettre où on lui rappelle que le Département de la guerre avait été dûment éclairé sur les risques à courir avec les départs isolés, mais qu'il en avait envisagé la nécessité, à cause de l'obligation de transporter les troupes d'Afrique sur les frontières de l'Est dans le plus bref délai, et qu'il avait accepté résolument de les courir ; il rappelle que c'est à la suite d'études minutieuses, auxquelles l'amiral avait participé lui-même, que les décisions avaient été arrêtées, qu'elles excluaient toute idée de convois, puisque les transports devaient partir isolément à toute vitesse, et il conclut en disant que, depuis la date de la rédaction des instructions, aucune observation n'ayant été formulée par l'armée navale, il était impossible, au moment de l'exécution, de modifier des plans résultant de la collaboration de deux départements ministériels à la suite de décisions du Conseil supérieur de la Défense nationale.

La réponse était formelle et voulait bien dire : « Les risques que vous invoquez, nul n'en doute ; ils ont été envisagés et pesés avec vous en temps utile ; vous en êtes couvert par vos instructions et les délibérations auxquelles vous avez assisté, qui leur ont servi de base ; ce n'est plus le moment de discuter, mais d'agir. »

CARTE GÉNÉRALE DE LA MÉDITERRANÉE.

II

LE *GŒBEN* ET LE *BRESLAU* ENTRENT EN SCÈNE

Cette réponse, portée au commandant en chef par un envoyé spécial, à cause de son importance, lui avait été remise le 31 juillet. Elle était en sa possession lorsqu'il fut avisé, le 2 août, à 18 h. 53, par télégramme de Bizerte, que le *Gœben* et le *Breslau* étaient signalés dans les eaux de la Tunisie.

La première pensée du commandant en chef, en face du danger que pouvait faire courir aux transports la présence du *Gœben* dans une mer que rien, absolument rien, ne protégeait, fut de télégraphier à Bizerte et à Alger, à 20 heures, de différer tout départ avant l'arrivée des escortes, et il en avisa le ministre à 21 heures.

Il n'est pas douteux qu'en présence de la menace signalée par Bizerte, il était urgent de suspendre toute sortie des transports, mais la seule manière de parer à une situation imprévue qui avait le grave inconvénient de retarder l'arrivée en France des troupes que l'on y attendait avec impatience, la seule conforme aux instructions du commandant en chef et aux méthodes rationnelles de guerre, était de prescrire l'appareillage immédiat de l'armée navale pour aller au plus vite au-devant de l'ennemi dont on signalait la présence. C'est ce qu'allait ordonner presque au même moment le gouvernement, qui, prévenu de son côté, mais avec plus de précision, des mouvements des croiseurs allemands, expédiait le 2 août, à 18 heures, le télégramme suivant, reçu à 20 h. 50 : « *Gœben* et *Breslau* sont arrivés à Brindisi dans la nuit du 31 juillet au 1er août. Appareillez, et si on vous signale hostilités commencées, arrêtez-les. *Conseil des ministres a encore décidé que transport spécial de troupes se fait par navires isolés, Département guerre en acceptant tous les risques.* »

Ce télégramme dénote une conception claire de l'occasion qui s'offre à notre armée navale de détruire, de s'emparer, ou, au moins, de bloquer les croiseurs allemands s'ils tentaient de se réfugier dans un port neutre ; mais il n'y a pas un moment à perdre pour la saisir. Le gouvernement sait que les hostilités seront déclarées le lendemain ; il veut qu'à ce moment notre armée navale ait pris l'avance nécessaire pour barrer la route aux deux bâtiments dont le passage de l'Adriatique, où ils étaient, dans la mer de Sicile, semble indiquer des projets d'évasion vers l'ouest. L'ordre qu'il donne est conforme aux principes arrêtés depuis longtemps par le Conseil supérieur de la Défense nationale, et, pour calmer une fois de plus les appréhensions que le commandant en chef avait manifestées dans sa lettre du 28 juillet au sujet des risques que peut comporter l'exécution, il souligne que le Conseil des ministres en a délibéré de nouveau et qu'il les a pris à son compte.

Aussi peut-on s'étonner qu'au lieu de l'exécuter sans arrière-pensée, avec l'enthousiasme d'un chef qui sent l'occasion de surprendre avec des forces considérables un ennemi imprudemment engagé dans une impasse, l'amiral de Lapeyrère ait répondu, le 4 à minuit, dans un télégramme reçu à 3 h. 20 du matin : « Avant réception de votre télégramme, conformément aux pouvoirs prévus dans mes instructions, j'ai télégraphié à Bizerte et à Alger de ne pas laisser partir transports avant arrivée de Toulon de l'escadre de protection. Cette escadre sera à Alger dans après-midi du 4 août. Armée navale quitte Toulon cette nuit et, *d'après votre ordre, sera sur côte d'Algérie pour rechercher croiseurs signalés. Je considère comme indispensable formation convois pour assurer sécurité transports, et je prends les dispositions en conséquence* ».

« Ce n'est plus le moment de discuter, mais d'agir », avait dit le ministre en conclusion de sa lettre du 30 juillet, et, le 3 août, le commandant en chef discutait encore autour de son idée de former des convois, alors qu'à deux reprises on le lui avait formellement interdit. Il argue de pouvoirs conditionnels prévus dans des instructions qu'il interprète avec usure pour marcher contre des ordres précis, et il feint de croire que c'est sur la côte d'Algérie, où il a déjà donné l'ordre de se rendre, en vue de la formation de convois, qu'on lui a dit de se diriger, alors qu'on lui a prescrit d'aller chercher l'ennemi là où il était, c'est-à-dire du côté de Brindisi ou des issues par lesquelles il pouvait entrer dans la Méditerranée occidentale. C'est de la fantaisie dilatoire !

Sentant le danger de la persistance d'un malentendu qui avait déjà trop duré et qui menaçait déjà de nous faire manquer le but, le gouvernement précise ses ordres précédents dans un télégramme du 3 août, 20 h. 45, dont la forme courtoise du début semble mise là pour atténuer le mécontentement certain qui perce à travers toutes les lignes, et que voici :

« Gouvernement a toute confiance dans votre vigilance et votre énergie pour assurer toute sécurité possible aux transports de troupes. Mais, conformément aux vues du Département de la guerre, *il décide que convois ne soient pas formés et que les bâtiments partiront à heure fixée, isolément et à toute vitesse.* Devez donc considérer comme nuls et non avenus alinéas 6 et 7 de vos instructions du 7 avril (1).

« Sur demande amiral anglais, concertez-vous avec lui pour accroître sécurité transports troupes et détruire croiseurs allemands, les hostilités avec l'Allemagne étant actuellement déclarées. »

A Paris, l'impatience est manifeste ; on y sent que tout retard risque de faire manquer l'occasion que la hardiesse forcée des croiseurs allemands nous offre ; on suit avec un intérêt croissant tous leurs mouvements et on les fait connaître au commandant en chef par une série continue de télégrammes.

L'Amirauté britannique, elle-même, s'émeut ; des ordres éventuels d'entente entre ses forces et les nôtres sont donnés simultanément par les deux gouvernements à leurs chefs d'escadres, et, bien que l'Angleterre n'ait pas encore déclaré la guerre, — elle ne le fera que le

---

(1) Ces alinéas prévoyaient la formation éventuelle de convois, sous condition qu'elle n'apporterait pas de retard appréciable au départ des transports.

5 août, — l'amiral anglais avait télégraphié, le 3, à 17 heures, à l'amiral de Lapeyrère :

« Amirauté désire combinaison entre forces françaises et anglaises. Comment puis-je vous assister le mieux ? »

Mieux encore : l'amiral Milne, joignant l'acte à la pensée, sans attendre d'instructions spéciales, sans même attendre la réponse de son camarade français, prend en surveillance, et par conséquent en chasse, le *Gœben* et le *Breslau*, qui avaient appareillé de Messine à la première heure, se dirigeant vers l'ouest. C'était l'amorce de la manœuvre si rationnelle qui eût été couronnée d'un plein succès, si, ayant obéi aux ordres de son gouvernement, l'amiral français avait marché résolument, et sans délai, vers l'objectif qui lui était indiqué.

Il n'y songeait même pas !

A l'offre claire et concise de coopération spontanément faite par l'amiral anglais, qui avait commencé par « courir sus » à l'ennemi pour le rejeter sur lui, il avait répondu : « Je vous remercie de *votre bonne communication*. Occupé actuellement dans la Méditerranée occidentale pour assurer passage des troupes, si vous pouviez surveiller, en Adriatique, mouvements flottes italiennes, autrichiennes et allemandes, je vous en serais très reconnaissant. Vous serez informé dès que j'aurai repris la liberté de mes mouvements. »

Et cela est envoyé, dans la nuit du 3 au 4 août, par l'amiral qui avait déjà reçu trois fois l'ordre de marcher à l'ennemi ; qui, en vertu de ses instructions, n'avait pas d'autre charge que de prendre l'offensive, dès le début des hostilités, pour acquérir la maîtrise de la Méditerranée occidentale ; par l'amiral qui, en vertu des conditions du protocole d'avant-guerre qui devait dominer sa pensée, avait dû peser les graves responsabilités qui lui incomberaient comme directeur des opérations en Méditerranée, et qui, subitement envahi d'un esprit excessif de prudence, au moment où l'action s'imposait dans des conditions particulièrement heureuses, puisqu'il n'avait à s'occuper que des deux croiseurs allemands, prétextant d'une nécessité qu'il lui était interdit d'envisager, passe la charge de tous les ennemis flottants, lui le commandant incontesté de la force principale, au commandant de la force secondaire représentée par les croiseurs anglais, et alors que le gouvernement britannique n'avait pas encore déclaré la guerre !

C'est déconcertant ! Mais, du moins, que fait-il, lui qui tient en ses mains le sort de l'opération? Nous ne pouvons mieux le dire qu'en reproduisant les parties essentielles du rapport adressé le 7 août au ministre de la marine, pour lui rendre |compte des mouvements de l'armée navale.

III

CE QUE FAIT L'ARMÉE NAVALE FRANÇAISE PENDANT QUE S'ÉVADENT LES CROISEURS ALLEMANDS

« Ayant reçu le 2 août, à 20 h. 50, le télégramme me signalant les mouvements du *Gœben* et du *Breslau*, indiquant que ces croiseurs allaient entrer dans la Méditerranée occidentale, me prescrivant d'appareiller et de les arrêter dès que l'ouverture des hostilités serait signalée, j'ai fait immédiatement allumer les feux, et nous avons appareillé à 4 heures du matin, le 3, avec :

« Le *Courbet*;

« Les 1re et 2e escadres de ligne (au complet);

« Les 1re et 2e divisions légères (au complet);

« La *Foudre*;

« La *Bombe* et vingt-sept torpilleurs;

« La 2e escadrille de sous-marins comprenant trois torpilleurs divisionnaires et six sous-marins convoyés par le *Jurien-de-la-Gravière*.

« J'avais laissé à Toulon la 1re escadrille de sous-marins et six mouilleurs de mines.

« J'ai dit toute l'importance que j'attachais à la protection immédiate des transports, indépendamment de la couverture à distance, et je décidai d'y employer toutes mes forces, tout en me réservant de concentrer les escadres de première ligne dans l'est, si l'attitude expectante de l'Italie se modifiait. »

Dès ces premières lignes, on sent que le commandant en chef, tout en appareillant pour répondre à l'injonction formelle qui lui a été donnée, a pris nettement position contre ses instructions. On lui a donné l'ordre d'arrêter le *Gœben* et le *Breslau*, toute affaire cessante, et il le reconnaît, mais il oublie de rappeler, en reproduisant le télégramme du 2, que celui-ci spécifiait que l'on ne devrait pas faire de convois et que le gouvernement en acceptait tous les risques, pour dire, sans avoir à s'en expliquer, qu'il va employer toutes ses forces à escorter les trans-

ports de troupes. Son ordre de marche l'indique nettement : « L'armée est formée en trois groupes : le premier,
composé de la 1re escadre, de la 1re division légère et de
douze torpilleurs (amiral Chocheprat), se dirige sur Philippeville ; le deuxième, comprenant le *Courbet* (pavillon
du commandant en chef), la 2e escadre (amiral Le Bris),
fait route sur Alger ; et le troisième, composé du *Jauréguiberry*, de la division de complément et de quatre torpilleurs, prend à 10 heures du soir (le 3), à la hauteur des
Baléares, la direction d'Oran. »

Ces dispositions précisent formellement que le commandant en chef n'a même pas eu la pensée d'aller rechercher le *Gœben* et le *Breslau* pour leur barrer la route entre
la Sicile et la Tunisie, ou au moins entre la Sardaigne et
l'Algérie. C'est cependant dans cet ordre de marche qu'il
apprend subitement, par un message sans fil, le 4 août, à
4 h. 50 du matin, que le *Gœben* et le *Breslau* venaient de
bombarder Bône et Philippeville.

Par un de ces hasards singuliers qui sont les coups de
fortune des aventures de mer, les croiseurs allemands,
qui venaient d'échapper, pendant la nuit, à la surveillance de l'escadre légère anglaise, décelaient leur présence avec une exactitude mathématique à l'amiral
français, qui ne les cherchait pas, alors que la moitié de
ses forces, sous les ordres de l'amiral Chocheprat, se dirigeait exactement sur le point où ils se trouvaient. Demi-
fortune, cependant, car si le hasard nous avait bien ser-
vis, par suite de la marche lente adoptée au départ de
Toulon par l'armée navale, au lieu de celle que lui
commandait sa mission et qui l'aurait conduite en temps

utile sur la ligne Algérie-Sardaigne, l'aile gauche de l'armée navale se trouvait encore à 80 milles de Philippeville, et le centre, conduit par le commandant en chef, à 160 d'Alger.

Malgré cela, le moment était solennel. L'amiral de Lapeyrère avait reçu le télégramme du commandant des forces anglaises, l'amiral Milne, lui demandant « comment il pouvait l'assister le mieux »; il pouvait lui répondre : « en barrant la route du cap Bon, au sud de la Sicile, aux croiseurs allemands que je vais essayer de faire refouler de ce côté par la moitié de mes forces qui s'en trouvaient à 80 milles dans le nord au moment où ils ont bombardé Philippeville, ce matin, vers 4 heures. Je me dirige sur Alger avec l'autre moitié de mon armée pour leur couper la route sur le méridien de ce port, ou en avant s'ils ont échappé à la surveillance de l'escadre Chocheprat, et je télégraphie à Gibraltar et Oran à toutes fins utiles. »

C'eût été, en s'inspirant des circonstances, la véritable réplique à la demande de collaboration ; la réponse que nous avons donnée plus haut démontre, hélas ! que le commandant en chef n'eut même pas la pensée d'une action commune qui s'imposait avec tant d'évidence en un pareil instant, et la suite du rapport va nous démontrer qu'il en eut une complètement inverse.

« Ayant reçu à 4 h. 50, dit-il, l'avis que le *Gœben* et le *Breslau* avaient attaqué Bône et Philippeville et *espérant* qu'ils continueraient leur démonstration le long de la côte, je forçai de vitesse pour les arrêter à Alger, laissant en arrière la 1re division de la 1re escadre avec la 2e escadrille.

dont la vitesse était réduite à 12 nœuds, par suite d'une avarie du *Carabinier*. En même temps, je donnai l'ordre au premier groupe d'interrompre sa route (1) sur Philippeville et de se diriger aussi sur Alger, à toute vitesse, afin de barrer à l'ennemi la route du large. J'arrivai à Alger vers 15 heures, le 4 ; j'y fus rejoint dans la soirée par l'amiral Le Bris et par l'amiral Chocheprat, qui avait fait la route à 15 nœuds, vitesse maxima du *Mirabeau*. Ces forces restèrent en croisière pendant la nuit du 4 au 5, moi-même au nord du cap Caxine, l'amiral Le Bris à dix milles plus au large et l'amiral Chocheprat sur le méridien du cap Matifou, de façon à laisser l'ennemi s'approcher d'Alger et à l'encercler s'il se présentait.

« Il ne parut pas.

« J'ai su, *par la suite*, que, se contentant de sa démonstration sur Bône et sur Philippeville, il s'était retiré dans l'est. »

Et, se contentant, lui, d'une explication aussi vague, il n'emploie plus ses forces qu'à faire les escortes défendues, alors que, malgré son affirmation, ce ne fut pas par la suite, mais presque heure par heure, qu'il était informé des mouvements des croiseurs allemands et qu'il était

---

(1) Cette affirmation n'est pas absolument exacte. Au moment où le commandant en chef reçut le télégramme 4 h. 35 de Bizerte, l'avisant que Bône était bombardé, sa première pensée, la bonne, fut d'ordonner à l'amiral Chocheprat de se porter contre l'ennemi, et cet officier général avait commencé la poursuite, quand l'amiral de Lapeyrère, revenant malheureusement sur sa décision première, lui expédiait, à 6 h. 35, un second ordre ainsi conçu : « Extrême urgence. Faites route sur Alger, aussi vite que moyens *Mirabeau* vous permettront. »

encore temps d'aller les bloquer. A défaut des informations qu'il avait le devoir de rechercher par ses moyens d'éclairage, dont il ne semble même pas avoir eu l'idée de se servir, il n'avait cessé d'être renseigné par le ministère sur leur position, et mis à même, par conséquent, de savoir la direction dans laquelle il devait les rechercher. La succession des télégrammes suivants en fait foi :

C'est, le 3 août :

A 1 h. 13 : « *Gœben* et *Breslau* ont quitté Brindisï, *Gœben* pour Tarente, *Breslau* peut-être Messine. »

Le 4 :

A minuit :

« *Gœben* et *Breslau* ont quitté Messine. Division anglaise et quatre torpilleurs les cherchent dans l'ouest, à 9 heures du matin, le 3 août. »

A 1 h. 35 : « Croiseurs allemands échappés à surveillance anglaise. »

A 18 heures : « Croiseurs anglais tiennent contact *Gœben* et *Breslau*, qui étaient à 50 milles au nord de Bône à 10 heures du matin. »

Le 5 :

Dans la matinée : « Croiseurs anglais ont perdu contact *Gœben* et *Breslau* dans le triangle cap Bon, Sardaigne, Sicile. »

A 12 h. 30, venant de Bizerte : « Commandant en chef britannique me prévient qu'avec trois croiseurs, six croiseurs protégés et trois destroyers, il recherche au sud Sardaigne croiseurs allemands qui, hier, 4 août, à 5 heures du soir, étaient à 40 milles de Maritimo (Sardaigne), se dirigeant vers est. »

Le 6 :

A 12 h. 45 : « Renseignement certain : *Breslau* charbonnait Messine le 5 ; renseignement douteux : *Gœben* à Messine le 5. »

A 16 h. 25 : « Renseignement certain : *Gœben* et *Breslau* à Messine 6 août au matin. »

Le 7 :

A 9 h. 40 : « Ambassade Angleterre Rome aurait reçu le 6 août nouvelle escadre autrichienne aller au-devant des cuirassés allemands qui quittèrent Messine 6 août. »

A 5 heures : « *Gœben* et *Breslau*, par latitude 37°43′ longitude 19° (1) faisaient route vers Méditerranée orientale. »

Il en ressort nettement que, depuis le 4 août, il ne pouvait y avoir aucun doute sur la position des croiseurs allemands et la direction qu'ils prenaient, et qu'en se basant sur les renseignements officiels, la seule manœuvre à faire, si on voulait les chercher, était d'aller vers l'est.

Mais revenons à celle qui fut accomplie.

Au moment où le commandant en chef est prévenu de la présence de l'ennemi devant Bône et Philippeville, 5 heures du matin, le 4 août, il se presse vers Alger, où il n'arrive qu'à 3 heures de l'après-midi. Il en était donc à 160 milles, n'ayant parcouru que 260 milles en vingt-cinq heures, soit à la vitesse de 11 nœuds. Il lui faut l'avertissement du bombardement des deux ports algériens pour qu'il comprenne enfin la nécessité de hâter sa marche, et encore, au moment où il s'y décide, laisse-t-il

---

(1). Ce point est au milieu de la mer Ionienne.

en arrière la 1re division de la 1re escadre avec la 2e escadrille, dont la vitesse est réduite à 12 nœuds par
suite des avaries de l'un de ses torpilleurs, comme si,
dans un pareil moment, on avait le droit d'immobiliser,
pour garder un blessé d'aussi faible importance qui, d'ailleurs, ne courait aucun risque, une fraction de forces
capable de renforcer, en l'élargissant, le rideau de
recherches avec lequel on avait le plus de chances de
barrer la route à l'adversaire. Il fallait d'autant plus y
employer toutes ses ressources qu'il était déjà tard pour
espérer atteindre les croiseurs allemands à Alger. On ne
pouvait en envisager la possibilité qu'en escomptant,
contre eux, un de ces accidents ou de ces retards imprévus qui, en déjouant les meilleures combinaisons, donnent quelquefois, à de plus médiocres, des chances de
réussite. Au moment où le commandant en chef se décidait à les atteindre sur ce point précis, ses bâtiments en
étaient en effet à dix heures de marche à toute vitesse,
alors que les croiseurs allemands, qui n'en étaient qu'à
200 milles, pouvaient l'atteindre en sept heures à leur
vitesse maxima de 28 nœuds, en huit heures à 25 nœuds.
Il fallait supposer que celle-ci tombât à 20 nœuds pour
que nous eussions des probabilités de les joindre en
temps utile.

La manœuvre était cependant à tenter, nous l'avons
dit. Il n'y en avait pas d'autre à choisir. Mais que faut-il
penser de l'ordre donné, à 6 h. 35 du matin, au groupe de
bâtiments qui étaient en route vers Philippeville, de se
replier sur Alger? Au moment du bombardement, ils en
étaient, à peu près, à la même distance que le *Gœben*. Si,

d'après l'hypothèse qui inspire l'amiral de Lapeyrère, ce croiseur s'est immédiatement dirigé vers l'ouest, il a pu prendre au moins 50 milles d'avance dans cette direction avant l'instant où l'amiral Chocheprat aura reçu le télégramme de 6 h. 35 ; il ne lui reste donc plus que 150 milles à parcourir, l'affaire de six heures, à 25 nœuds, alors que le groupe français devait en mettre et en a mis effectivement quatorze. C'est donc pour un déroutement sans profit possible que cette force, si heureusement partie, sans le savoir, mais partie quand même, vers le point où, si elle avait marché à une vitesse rationnelle depuis Toulon, elle aurait prévenu l'arrivée du *Gœben* et du *Breslau*, est une seconde fois détournée de sa chance d'utilisation par un ordre malencontreux qui l'empêche de poursuivre la route au bout de laquelle son chef aurait reconnu l'utilité d'aller, au contraire, vers l'est pour faire œuvre utile.

Et cela pour aboutir à cette souricière, si singulièrement établie autour d'Alger, dix heures au moins après le passage possible de ceux qu'elle devait prendre, et dont l'inopportunité est constatée le lendemain par le commandant en chef en cette phrase pleine de naïveté : « L'ennemi ne parut pas. »

Il en fallait, en effet, beaucoup pour supposer que le stratège averti que s'est montré le commandant des croiseurs allemands serait venu se jeter sur une armée navale concentrée sur un seul point, qui, par suite, lui laissait grandes ouvertes toutes les routes du large dont il lui eût été si facile de profiter pour venir jeter le désordre jusque sur les côtes françaises, s'il avait osé supposer un instant que l'on ait pu servir ses projets à ce degré. L'amiral Souchon ne le fit pas et ce fut notre chance.

IV

NOS CUIRASSÉS AUTOUR DES TRANSPORTS

Après avoir constaté que l'ennemi n'était pas venu se jeter dans ses bras, le commandant en chef, sans se préoccuper autrement de ce qu'il est devenu ou de ce qu'il pourrait faire lui-même pour le rechercher et l'atteindre en se servant des indications reçues, revient à son idée passive d'escorter les transports. Oh ! pour cela, pas la moindre hésitation. Dès le 5, au matin, alors qu'il était encore temps d'aller du côté de Messine où les croiseurs allemands allaient se réfugier, il n'est plus question que de convois. Nous allons en suivre l'odyssée.

L'ordre est donné au groupe de l'amiral Chocheprat, A, de rebrousser chemin vers son premier point de destination, Philippeville, pour y prendre un convoi. Le groupe de l'amiral Le Bris, B, reste à Alger pour escorter les navires qui partiront de ce port. Le groupe qui s'était dirigé vers Oran, C, et qui y était arrivé le 4, se prépare à escorter les convois de l'ouest.

A relever cependant que, tout en ordonnant ces formations d'escorte, le commandant en chef avait constitué, avec le *Courbet*, portant son pavillon, le *Condorcet* et le *Vergniaud*, un groupe spécial de chasse, D, qui avait appareillé d'Alger le 5, à 8 h. 15. C'était le premier essai de recherche offensive depuis le départ de Toulon, et on aurait plaisir à le constater, si, contre toute vraisemblance, il ne s'était pas dirigé vers les Baléares, au lieu d'aller vers l'est, et n'avait pas continué sa route dans la même direction, alors que prévenu par Bizerte à midi et demi, au moment où il n'était encore qu'à 50 milles au nord d'Alger, que les croiseurs allemands, au sud de la Sicile, faisaient route à l'est. La chasse qui, dans ces conditions, ne peut apparaître que comme une retraite camouflée, faisait passer le groupe D entre Majorque et Ivice dans la nuit.

A 8 heures du soir, le groupe A était à 20 milles au nord de Bougie, faisant route sur Philippeville ; le groupe B était toujours devant Alger, attendant que ses transports fussent prêts, de même que le groupe C devant Oran.

Le 6, le groupe B quitte enfin Alger, à une heure du matin, faisant route sur Dragonera (Majorque) avec son convoi ; le groupe A, qui est arrivé à Philippeville à 5 heures du matin, y prend l'escorte *d'un seul* transport, la *Medjerdah*, et fait route avec lui vers Ajaccio à 7 h. 40 ; le groupe de chasse, D, continuant sa *retraite*, prend contact, dans le nord-ouest d'Ivice, avec le *Jean-Bart* et la *France*, venant de Gibraltar, et continue sa route avec eux vers la côte de Provence. A midi 45 et à 16 h. 25, le commandant en chef est prévenu de la présence certaine du *Gœben* et du *Breslau* à Messine, mais cela ne modifie pas ses intentions ; il télégraphie au ministre de la marine « qu'il continue sa route avec *France* et *Jean-Bart* sans incidents ». Même jeu le 7 : le groupe A, ayant longé les côtes de Sardaigne et de Corse à la vitesse de 8 nœuds, arrive à Ajaccio à midi ; il y prend, en outre de la *Medjerdah*, qu'il avait déjà, le *Moulouya* et le *Llamone*, puis en repart à 13 h. 25. Le groupe B a doublé les Baléares ; le groupe de chasse, D, devenu définitivement groupe d'escorte, prend contact avec lui au cap Creux ; le commandant en chef le renvoie à Alger pour protéger d'autres transports, ainsi que la division légère du Maroc, et prend directement la direction du convoi B, qu'il conduit à Cette. Il l'y dépose à 18 heures et continue sa route dans la nuit vers Toulon.

Le 8, les groupes A et D rentrent à Toulon à 7 heures du matin ; le groupe B est en route pour Alger où il doit reprendre l'escorte de transports que rien ne menace plus ; mais, pendant que s'est accomplie cette singulière odyssée dont le moindre inconvénient fut de retarder de quatre jours l'arrivée des troupes si impatiemment attendues par le ministre de la guerre, le *Gœben* et le *Breslau* s'étaient évadés de Messine.

Le télégramme suivant, expédié le 8 août à minuit 30, devait enfin mettre un terme à toutes ces fantaisies :

« *Cessez immédiatement toute conduite de transports de troupes.* Division de complément et division spéciale seront seules chargées de la surveillance. Rassemblez tout le reste de l'armée navale le plus tôt possible à Bizerte, après avoir complété combustible. Votre mission est de joindre vos efforts à ceux de l'armée anglaise pour empêcher escadre autrichienne de franchir les Dardanelles et entrer dans la mer Noire, mais vous n'interviendrez par la force que si les Autrichiens tentent d'y pénétrer » (1).

Il était temps, en effet, de se souvenir qu'il existait quelque part une flotte autrichienne et que nos bâtiments avaient peut-être quelque chose de mieux à faire que de tourner autour de transports que rien ne menaçait plus, — le commandant en chef le savait depuis le 5, — et que rien, d'ailleurs, n'aurait jamais menacé s'il ne s'était pas refusé obstinément à comprendre le sens de sa mission, que le gouvernement s'évertuait à lui rappeler de la façon la plus impérative. Qui voudrait nier, après tout ce qui vient d'être exposé, que si l'armée navale avait été résolument conduite, comme tout le commandait, au-devant des croiseurs allemands, elle les aurait précédés sur la ligne de barrage Sardaigne-Algérie ? S'y étant accrochée, elle les aurait suivis dans le cul-de-sac où l'escadre légère anglaise les prenait à dos ; elle les aurait bloqués dans Messine où ils avaient fini par se réfugier sous la menace que comportait notre seul voisinage. C'est parce que cela n'a pas été fait que, profitant de la surveillance incomplète et trop lointaine des croiseurs britanniques, le *Gœben* et le *Breslau*, avec leur supériorité de vitesse, ont pu s'échapper vers les Dardanelles.

« La flotte est intacte », sans doute, mais lorsqu'on considère les conséquences d'un pareil événement, on est en droit de dire qu'il eût mieux valu, pour le conjurer,

(1) Le gouvernement autrichien, certainement très désemparé par la déclaration de neutralité de l'Italie et cherchant à gagner du temps, n'entra dans la guerre que le 13 août.

sacrifier quelque chose de cette force qu'on continuera, par la suite, nous le verrons, à ne pas utiliser davantage, sous prétexte de ne lui faire courir aucun risque. Ce n'est cependant pas pour servir de pareilles timidités que sont faits les navires de combat ! A la guerre, la crainte des coups est le contraire de la sagesse, et cependant nous allons voir que c'est par la crainte qu'inspirait le *Gœben* qu'il faut expliquer le peu de soin que l'on a mis à le chercher. Nous le disons parce que l'amiral de Lapeyrère lui-même l'a affirmé.

<h2 style="text-align:center">V</h2>

<h2 style="text-align:center">LE GŒBEN MAITRE DE LA MER</h2>

« La flotte française venait de faire les grandes manœuvres, a-t-il exposé devant la Commission de la marine de la Chambre (1) ; ses coques étaient sales ; le *Courbet* était passé de 20 à 17 nœuds, le *Danton* de 19 à 17, le *Patrie* à 16 nœuds, le *Charlemagne* à 14 ou 15 nœuds. Les croiseurs avaient tous perdu 1 ou 2 nœuds. Je ne parle pas des contre-torpilleurs, qui étaient en très grand nombre, mais qui n'ont pas servi à grand'chose parce qu'il eût été de la dernière imprudence de mettre ces navires à la mer lorsqu'elle était écumée par un navire tel que le *Gœben*.

(1) Procès-verbal, sténographié et corrigé par son auteur, de l'audition de l'amiral de Lapeyrère par la Commission de la marine, le 5 mars 1918.

« Le *Gœben* avait dix pièces de 28 centimètres, portant à 15 000 mètres ; avec sa vitesse de 28 nœuds, il pouvait accepter ou fuir le combat. *C'était le maître de la mer.*

« Aussi ai-je été bien surpris de l'expression qui a été employée : *Pourquoi n'avoir pas couru sus à l'ennemi ?* Si je n'ai pas couru sus à l'ennemi, c'est parce que je ne le pouvais pas. C'eût été un malheureux chasseur, courant après un lièvre, qui se serait fatigué inutilement, et, après quatre jours de marche, vous voyez à quelle distance il se serait trouvé de celui qu'il poursuivait. »

Rien mieux que cet exposé ne pouvait définir l'état d'âme de celui qui, au lieu de voir, dans la situation que nous occupions en Méditerranée, l'occasion d'y jouer le grand rôle que nous permettait d'entrevoir l'accumulation de toutes nos forces navales, secondées par un très sérieux appoint de forces anglaises, s'attache à ne supputer que ce qui peut lui manquer pour se donner des raisons de ne pas attaquer le seul adversaire qu'il ait devant lui et dont il fait, pour la circonstance, « le maître de la mer ».

Mais sur qui donc doit retomber la responsabilité de cet état de délabrement de nos escadres, d'ailleurs exagéré à dessein pour les besoins du raisonnement, si ce n'est sur celui qui en avait le commandement depuis trois ans avec l'autorité presque sans limite qu'il tenait de sa situation de ministre de la veille, qui lui avait fait perdre l'habitude de la soumission? Si elles n'étaient pas en forme au moment d'une guerre qu'il ne paraît pas avoir prévue, si l'on en juge par l'état d'impréparation de ses navires, c'est d'autant plus à lui-même qu'il doit s'en prendre que les observations n'ont pas manqué, de la part de la Commission de la marine en particulier, bien avant la guerre, sur la manière dont il surmenait l'escadre pour de simples manœuvres d'apparat.

Mais encore moins devons-nous le suivre dans l'exagération, plus extrême encore, de la toute-puissance de l'adversaire. Le *Gœben* file 28 nœuds? Oui ; mais il est seul avec son très faible acolyte, le *Breslau*. Il a des pièces portant à deux kilomètres plus loin que celles de nos bâtiments? Oui encore ; mais ce ne sont que des pièces de 28 centimètres, et il n'en a que dix !

Que la vitesse soit un élément stratégique, et même tactique, de premier ordre, nul n'en doute ; mais elle comporte de nombreux aléas. Sans s'arrêter à ceux résultant des avaries possibles, elle dépend, au premier chef, de l'emploi modéré qu'est obligé d'en faire, à cause de ses approvisionnements forcément limités, un bâtiment isolé loin de toute base lui permettant de les renouveler ; d'où pour lui l'impossibilité d'en user à son gré et surtout indéfiniment. C'est sa grande faiblesse.

Quant à la supériorité de portée de l'artillerie, c'est encore un élément d'importance, mais il lui faut, pour être utilisée, des circonstances de temps et de visibilité particulières.

On ne peut donc pas prêter à ces deux avantages une valeur absolue, même en « combat singulier », et ils disparaissent à peu près complètement si celui qui les possède est seul contre plusieurs adversaires. L'avantage de se dérober que donne la vitesse, pour pouvoir utiliser sa supériorité de portée, en se maintenant à la distance permettant d'envoyer ses coups sans en recevoir, n'existe plus lorsque, pour l'utiliser contre les uns, on est exposé à tomber sur les autres, ce qui est inévitable si ceux-ci manœuvrent convenablement.

On n'est donc pas « le maître de la mer », malgré la supériorité de sa vitesse et de la portée de ses canons, quand on est seul et que l'on a, pour vous disputer ce titre, treize cuirassés français opposant, à dix canons de 28 centimètres et douze de 15 centimètres, soixante-quatre pièces de 305 centimètres, soixante-douze de 240 millimètres, trente de 190 millimètres, trente-six de 164 millimètres, et trois croiseurs de bataille anglais filant 27 nœuds, avec vingt-quatre canons de 305 millimètres. C'est du seize contre un en forces principales, sans compter une dizaine de croiseurs cuirassés de moindre importance mais utilisables, ne serait-ce que pour des recherches, et de puissantes flottilles de contre-torpilleurs et de sous-marins qui méritaient, quand même, d'entrer en ligne de compte dans l'esprit du maître de la manœuvre.

Il y avait là un ensemble de puissance qui, pour ne pas être du même ordre que celle représentée par le *Gœben* et le *Breslau*, eût été écrasante si elle avait été utilisée dans sa forme et ses moyens, non pour les gagner à la course, comme l'amiral de Lapeyrère a voulu en prêter l'absurde suggestion à ses contradicteurs, mais pour leur « courir sus » au sens militaire de l'expression, en vue d'un encerclement auquel il paraissait impossible qu'ils pussent échapper. En ne le faisant pas, en faisant même le contraire, il a fui l'occasion presque certaine d'enfermer les croiseurs allemands à Messine, où

tout, sauf la faute commise, semblait avoir fixé le dénoue-
ment fatal.

Quel contraste, au même instant, avec l'attitude du
commandant de notre division légère du nord, le contre-
amiral Rouyer, qui, ayant reçu, à Cherbourg, le 3, à
minuit, au moment même où la France venait de déclarer la guerre à l'Allemagne, l'ordre « de s'opposer par la
force au passage du pas de Calais et de combattre l'ennemi partout où on le rencontrerait », ne s'attarde
pas à supputer les risques, cependant énormes, de l'entreprise, appareille quatre heures après avec ses croiseurs
et les flottilles disponibles pour aller prendre son poste de
combat en travers du détroit ! C'était le geste à faire en
vertu de toutes les règles de la guerre, et qui voudrait
soutenir qu'il n'en valait pas la peine et qu'il n'a pas suffi
pour nous éviter, sur les rivages de la Manche, l'affront
que nous avons subi sur les côtes d'Algérie, en même
temps qu'il enlevait à l'adversaire toute possibilité de
faire passer quelques croiseurs de plus pour aller grossir le
nombre de ceux qui, pendant les premiers mois de la
guerre, ont causé tant de dommages aux flottes mar-
chandes des alliés dans les mers lointaines ?

« Courir sus à l'ennemi », voilà la règle ; c'est la seule,
et n'est-ce pas aussi celle qu'appliquait le général Joffre
lorsque, sans s'arrêter à la pensée que certains canons de
l'adversaire portaient à deux kilomètres de plus que les
nôtres, — et il le savait bien, — il pressait ses armées dès la
première heure, et même dès la veille, pour les concentrer
en face de la formidable ruée de celles de l'Allemagne ? Il
n'était cependant qu'à égalité d'effectifs à peine ! Mais

il considérait que les armées sont faites pour aller à la bataille, que la vraie manière de couvrir sa mobilisation était de faire face à l'ennemi, et c'est pour cela qu'après des fortunes diverses qui n'étaient pas sans risques et qui ne devaient pas être sans pertes, il a vaincu sur la Marne et retourné la fortune de nos armes, pendant que, pour conserver sa flotte intacte, le commandant de nos forces navales laissait échapper, pour le plus grand dommage de notre avenir en Méditerranée, le seul adversaire qu'il avait devant lui.

Sur ce terrain particulier qu'est la mer, où le champ des initiatives est si vaste et peut être si productif, l'amiral de Lapeyrère ne veut en prendre aucune. Il faut que ce soit le gouvernement qui, lui rappelant ses instructions de guerre, lui indique l'occasion à saisir, et quand on la lui montre, il semble ne vouloir la voir que pour la fuir, il prend le contre-pied de ses instructions et des ordres qu'il reçoit !

Et cependant, s'il avait obéi, si simplement il avait compris son devoir comme l'amiral Rouyer et le général Joffre, s'il avait accompli la seule manœuvre que commandaient les circonstances, celle qu'avait esquissée l'amiral anglais lui offrant sa coopération, et forçant en même temps les croiseurs allemands, même avant la déclaration de guerre, à se dérober devant lui, il les aurait, presque malgré lui, enfermés dans Messine, où il suffisait de les maintenir pendant vingt-quatre heures pour que le gouvernement italien, devenu neutre, fût obligé de les désarmer. C'était le renversement du cours des événements qui se sont presque immédiatement déchaînés contre nous et auxquels nous avons dû — personne n'en doute aujourd'hui — la prolongation démesurée de la guerre.

VI

LA GRAVE RESPONSABILITÉ DU COMMANDANT EN CHEF DE L'ARMÉE NAVALE

Tout cela s'est produit parce que l'amiral de Lapeyrère non seulement n'a pas compris son rôle, mais parce qu'il s'est refusé à observer ses instructions et à obéir aux ordres qui les lui rappelaient.

L'accusation est grave, mais nous sommes d'autant plus à l'aise pour la formuler que ce fut la conclusion formelle d'une enquête faite en octobre 1917 par M. Chaumet, alors ministre de la marine, qui s'était donné pour tâche d'éclairer certains points de la discussion qu'il avait conduite avant d'entrer dans le gouvernement, comme président de la Commission de la marine, au sujet des événements qui s'étaient déroulés dans la Méditerranée au début des hostilités.

« En résumé, dit-il, en toute loyauté et avec la haute impartialité que commande l'étude de ces graves événements qui appartiennent déjà à l'histoire, il semble qu'on puisse formuler sur les opérations qui ont eu lieu en Méditerranée du 3 au 8 août les appréciations suivantes :

« I. L'amiral de Lapeyrère a-t-il voulu convoyer les transports malgré les ordres reçus?

« Oui.

« II. L'amiral de Lapeyrère a-t-il pris dès le début les mesures offensives (masses de chasse, vitesse, manœuvres d'après renseignements reçus, recherche offensive, etc.) pour exécuter les ordres reçus au sujet de la capture du *Gœben* et du *Breslau*?

« Non.

« III. L'amiral de Lapeyrère les a-t-il prises ensuite?

« Oui, mais incomplètement, à l'état d'ébauche (groupe spécial *Courbet* qui s'est remis à faire de l'escorte le 7 au soir).

« IV. L'amiral de Lapeyrère a-t-il eu tort de rechercher l'ennemi dans une fausse direction (ouest, puis Baléares)?

« Non ; tout le monde se trompe à la guerre.

« V. L'amiral de Lapeyrère a-t-il manœuvré ensuite pour remettre sa seule force de chasse (groupe *Courbet*) en bonne direction, dès qu'il a eu des renseignements certains (5 août, 12 h. 30, Maritimo, — 6 août, 12 h. 45, Messine)?

« Non.

« VI. Les mesures offensives, si elles avaient été rationnellement prises, auraient-elles sûrement amené la capture du *Gœben* et du *Breslau*?

« On ne peut rien certifier.

« VII. L'arrivée du *Gœben* et du *Breslau* à Constantinople a-t-elle été la cause principale de l'entrée en guerre de la Turquie?

« On ne peut rien affirmer. »

Le procès est tout entier dans les deux premières questions que s'était posées le ministre enquêteur ;

les réponses nettes qu'il y a faites veulent dire que le commandant en chef a désobéi « en convoyant les transports malgré les ordres reçus » et « en ne prenant pas les mesures offensives que comportait leur exécution ». La prudence avec laquelle il répond aux autres ne peut en rien atténuer la portée d'une affirmation qui concorde avec celle que nous avons tirée de l'exposé des faits.

Elle est déconcertante. Comme beaucoup d'autres, comme toute la marine, pourrions-nous dire, nous avions mis en l'amiral de Lapeyrère les espoirs que permettait sa longue et brillante carrière. Mais ce sont là des sentiments personnels qui n'apparaissent qu'au second plan lorsqu'il s'agit de la recherche de la vérité qui ne peut s'inspirer que de l'étude des faits concrets, à la lumière de la plus large discussion. Nous n'avons rien voulu négliger pour la faire et, dans ce but, nous avons tenu à provoquer, avant toute conclusion, les critiques du principal intéressé, l'ancien commandant en chef de l'armée navale, en même temps que celles de l'ancien chef d'état-major général.

L'ancien ministre, M. Augagneur, se trouvait directement saisi, comme membre de la Commission de la marine, du rapport initial. L'amiral de Lapeyrère et l'amiral Pivet le furent à la suite d'une lettre adressée au président de la Commission de la marine le 8 décembre 1916 (1). Nous allons examiner leurs réponses.

(1) Annexe n° 3, page 302

VII

RÉPONSE DE L'ANCIEN CHEF
D'ÉTAT-MAJOR GÉNÉRAL

Celle de l'amiral Pivet confirme de la façon la plus absolue les affirmations capitales du rapport qui lui était soumis, en termes qu'il convient de reproduire :

« C'est avec un profond regret, écrit-il, que je me vois obligé de taire les sentiments de gratitude que j'ai pour mon ancien chef, l'amiral de Lapeyrère ; mais, comme chef d'état-major général, je ne puis m'empêcher de reconnaître la justesse des reproches que lui a adressés le vice-amiral rapporteur en analysant son rapport du 7 août, le premier qui a suivi la déclaration de guerre.

« Lorsque je rédigeai le télégramme du 2 août, j'étais loin de penser que le marin, l'homme d'action que nous aimions à voir dans l'amiral de Lapeyrère, ne mettrait pas tout en œuvre, immédiatement, pour saisir les deux croiseurs allemands dont nous allions lui indiquer, presque heure par heure, la position.

« Je ne pouvais imaginer que, suivant les errements du temps de paix, il appareillerait avec toute l'armée navale, dans laquelle, il le savait mieux que personne, se trouvaient plusieurs bâtiments, petits et grands, dont les chaudières très fatiguées ne pouvaient fournir qu'une vitesse réduite, et qui, par conséquent, seraient plus nuisibles qu'utiles dans les *raids* qu'il devait courir pour exécuter l'ordre du gouvernement. Et, surtout, l'idée ne me serait pas venue qu'au lieu d'exécuter cet ordre sans perdre un instant et en utilisant les grands croiseurs anglais qui ne demandaient qu'à combiner leurs efforts avec les siens, il aurait eu pour unique souci d'employer toutes ses forces à la protection immédiate des transports de troupes. » Ce qui, ajouterons-nous, lui était formellement défendu.

Répondant ensuite au reproche contenu dans le rapport, au sujet de l'absence de pièces permettant de constater l'action de l'état-major général, l'amiral Pivet fait remarquer que, dans la précipitation des événements, on ne pouvait guère se servir que de la voie télégraphique. « Mais, ajoutait-il, lorsque, par exception, il s'agissait de conceptions nouvelles, de dispositions à prendre en vue d'organisations ou d'opérations importantes à entreprendre dans un avenir plus ou moins rapproché, nous avons soumis au ministre des projets ou des lettres destinés aux commandants des forces navales, des instructions ou des explications sur les vues de l'état-major général, espérant qu'en les sanctionnant de sa signature, le ministre leur donnerait l'autorité qu'elles devaient posséder. Je dois déclarer — et l'on en trouvera plus d'une preuve au cours de mon rapport — que M. Augagneur s'est généralement refusé à leur donner la suite demandée, alléguant tantôt que le commandant en chef de l'armée navale était responsable de ses actes envers le gouvernement et qu'il n'appartenait ni au ministre (1), ni au chef d'état-major général

(1) Affirmation singulière de la part de celui qui, plus tard, se montrait, n'étant plus dans le gouvernement, un des champions les plus ardents de l'ingérence de celui-ci dans la conduite de la guerre.

de lui donner des ordres, tantôt que ces ordres emprun-
taient à l'égard de l'amiralissime une forme peu correcte et qu'il se chargeait de lui écrire dans le même
sens, mais personnellement. J'ignore s'il l'a jamais fait ;
en tout cas, je n'en ai jamais constaté le résultat. Pour ce
qui est de la correction des termes, je puis affirmer qu'une
lettre écrite par moi à l'amiral de Lapeyrère ne pouvait
manquer de déférence, mais je ne puis malheureusement
reproduire ici aucune de ces lettres, parce que, sous prétexte de les utiliser pour rédiger les siennes, M. Augagneur
a pris soin de les conserver par devers lui. Et c'est là une
des causes pour lesquelles le vice-amiral Bienaimé n'a pas
trouvé les notes que l'état-major général de la marine
n'avait pu manquer de présenter au sujet des opérations
pendant le séjour du gouvernement à Bordeaux.

« A ce propos, j'ajouterai que, par principe, M. Augagneur n'admettait pas l'ingérence de l'état-major général dans les opérations de guerre. Il professait que son
rôle était de préparer la guerre pendant la paix et que, la
guerre venue, il devait disparaître. Les ordres ayant été
donnés, les mesures prises longtemps à l'avance, il appartenait aux chefs militaires, disait-il, de les exécuter sans
que l'état-major général eût à s'en mêler. Et, dans le
même ordre d'idées, M. Augagneur déclarait qu'en temps
de guerre *on n'improvisait pas*. Il est aisé de se rendre
compte combien, avec un pareil chef, imbu de tels
principes et très jaloux de son autorité, était difficile le
rôle du chef d'état-major général auquel incombait le
soin de satisfaire aux besoins imprévus qui, continuelle-
ment, naissaient de tous côtés, sur terre comme sur mer.

Au cours de son rapport, l'amiral Bienaimé a eu l'occasion de rappeler ce principe de M. Augagneur : «On n'improvise « pas en temps de guerre », principe dont nous trouvions trop souvent l'écho dans la résistance opposée par son chef de cabinet militaire aux propositions de l'état-major général. »

Puis, rappelant la phrase de l'historique :

« C'est seulement le 17 décembre que nous pûmes constater que la flotte française avait fait preuve de la plus déconcertante inertie au moment où tout était possible dans la Méditerranée, et qu'elle y avait perdu toutes les occasions de faire ce que l'on était en droit d'en attendre ».

Il répond :

« Si pénible que cela soit, je dois avouer que cette déconcertante inertie était réelle et causait à tous ceux qui s'intéressaient à la marine. une stupéfaction sans égale. Que de fois, durant le mois d'août, n'ai-je pas reçu la visite d'amiraux et de membres du Parlement venant me demander : « Que fait donc l'armée navale ? » Connaissant la réputation d'homme d'action qui a suivi l'amiral de Lapeyrère dans sa brillante carrière, tous étaient, comme nous, profondément déçus.

« Que de fois notre attaché naval à Londres n'a-t-il pas signalé l'étonnement de l'Amirauté britannique et celui de l'ambassade italienne à constater que la déclaration de neutralité de l'Italie n'avait pas été immédiatement suivie d'une offensive sérieuse contre la flotte autrichienne ou ses bases, par notre armée navale devenue complètement maîtresse de ses mouvements !

« Sans vouloir préciser à l'amiral de Lapeyrère les opérations à entreprendre, — ce qui eût été présomptueux de notre part et aurait été certainement refusé par le ministre, — nous lui avons à plusieurs reprises, en août et septembre 1914, fait savoir que, non seulement le département de la marine, mais le gouvernement insistaient pour que des opérations de guerre importantes fussent effectuées contre l'Autriche : occupations d'îles sur la côte dalmate, attaques sur Cattaro ou sur Pola, pouvant causer à l'ennemi de graves préjudices, déterminer l'Italie à sortir de sa neutralité et peut-être entraîner une sortie de la flotte autrichienne que notre armée navale appelait de tous ses vœux.

« A ces instances, puisque le ministre se refusait à donner des ordres, il fut toujours répondu que Malte, notre base la plus avancée, était bien trop loin de l'Adriatique pour permettre à la flotte française de tenter une action de grande envergure sur un point quelconque de la côte autrichienne. »

Il n'est pas besoin d'aller plus loin dans les citations que nous avons tenu à faire intégrales, afin de n'en rien déflorer, pour montrer qu'il se créa, au ministère de la marine, du jour où M. Augagneur en prit la direction, le 4 août 1914, un courant contraire à celui qu'il était du devoir de l'état-major général de suivre pour faire la guerre et vaincre les résistances incompréhensibles du commandant de l'armée navale à l'action que tout le monde s'accordait à considérer comme nécessaire.

Qu'a répondu l'ancien ministre ?

VIII

CRITIQUES DE L'ANCIEN MINISTRE
DE LA MARINE (1)

La manière de M. Augagneur est trop connue pour qu'il soit nécessaire de la souligner. Nature impulsive secondée par une vivacité d'intelligence peu commune, mais prête à se servir de n'importe quel sophisme en guise d'argument, les apparences de la vérité lui suffisent ; mais lorsque, même sous cette forme commode, la bonne raison lui manque, il s'en prend aux personnes et s'en débarrasse en les écrasant sous le plus hautain mépris.

Aux affirmations si précises de l'amiral Pivet, qui méritaient, au moins, l'honneur d'un semblant de réfutation, voici sa réponse : « Je ne peux m'étonner du mécontentement d'un ancien subordonné que j'ai dû relever de son commandement. Mettez-vous à ma place. J'ai été ministre ; je me suis trouvé en présence d'un chef d'état-major général qui était visiblement au-dessous de sa fonction, et cela avait été non seulement mon impression personnelle, — on pourrait peut-être dire que je suis mauvais juge, — mais je suis obligé de dire toute la vérité ici ; je suis devant une Commission qui en a entendu bien d'autres, — le jour de la déclaration de

(1) Les critiques de M. Augagneur ont été faites devant la Commission de la marine, le 18 juillet 1917, et il en a été dressé un procès-verbal sténographié.

guerre, l'amiral Pivet, chef d'état-major général, a été mandé en cette qualité au Conseil des ministres ; or, il a produit sur mes collègues *une impression de déchéance intellectuelle et physique telle que cela a été un cri unanime : il est incapable de remplir sa fonction* » (1).

Le propos est audacieux, mais tombe à faux quand il s'agit d'un officier général dont tout le monde peut constater encore aujourd'hui, après plus de cinq ans, la vigueur physique, et qui avait fait preuve, jusqu'à la dernière minute de sa carrière active, de telles qualités d'intelligence et de fermeté que l'on serait tenté d'affirmer que c'est surtout à cause d'elles que M. Augagneur, qui n'a jamais admis les supériorités, s'en est séparé. La note qui a si violemment irrité l'ancien ministre, les quelques rapports ou projets rédigés par l'état-major, dont nous avons trouvé la trace, suffisent pour démontrer que l'amiral Pivet était en pleine possession de ses moyens intellectuels quand, non au lendemain de la constatation de la soi-disant déchéance invoquée, mais plus de quatre mois après, le 13 décembre 1914, M. Augagneur a fait cesser ses fonctions en lui disant : « Nous avons, vous et moi, une façon si différente — ce qui était profondément exact — de comprendre le rôle de chef d'état-major général, que le mieux est de nous séparer. »

C'est ce qui se fit, mais, au lieu de donner à son collaborateur le repos qu'aurait nécessité son mauvais état de santé, s'il y avait cru, le ministre le nomma préfet mari-

_____

(1) Nous avons interrogé sur cette appréciation le président du conseil et le ministre des affaires étrangères d'alors, qui ont nié formellement cette scène.

time à Cherbourg, où il a rendu, comme à Brest, où il fut envoyé plus tard, les excellents services qu'on pouvait en attendre (1). M. Augagneur s'était débarrassé de l'homme comme il l'avait fait de ses notes, de ses rapports et de ses projets de lettres dans la déclaration qu'il nous faut encore citer, car elle souligne sa mentalité :

« On déclare (le rapporteur) qu'on n'a pas trouvé un certain nombre de lettres de l'état-major. Mais, vraiment, est-ce que j'avais à tenir une comptabilité de ce que me proposaient mes subordonnés? Ce subordonné me présente une lettre, je ne l'accepte pas, je n'en accepte ni le sens, ni la forme, *je la déchire, la lettre n'a pour moi jamais existé.* Je n'ai aucune difficulté à avouer qu'on ne trouvera pas de lettres proposées par l'état-major et que j'ai refusé d'envoyer. Est-ce que l'état-major, un des rouages de mon administration, aurait la prétention de traiter avec moi comme un organisme étranger ? »

Non, sans doute, mais, comme conseil placé par les lois organiques à côté du ministre et dont celui-ci n'a pas le droit de s'affranchir systématiquement, il peut revendiquer qu'on ne détruise pas avec cette désinvolture les preuves de son action, et il est fort heureux que nous en ayons, malgré tout, quelques-unes nous permettant de souligner les graves responsabilités qu'a encourues M. Augagneur en s'affranchissant d'avis qu'il devait prendre peut-être plus que personne et qui l'eussent

____

(1) Le *Journal officiel* du 31 juillet 1916 enregistre son élévation à la dignité de grand-officier de la Légion d'honneur avec la mention suivante : « Services exceptionnels rendus comme chef d'état-major général de la marine et préfet maritime. »

certainement prémuni contre les dangers auxquels l'exposait son indiscutable incompétence.

Les arguments qu'il va invoquer pour défendre l'amiral de Lapeyrère contre les responsabilités encourues par cet officier général, à propos de l'évasion du *Gœben* et du *Breslau*, ne vaudront pas davantage.

« On fait grand cas, dans l'historique rédigé par M. Bienaimé, explique l'ancien ministre, d'un ordre prétendu délibéré en Conseil des ministres, qui décidait que les transports partiraient isolément. Savez-vous pourquoi? M. Messimy est venu, un matin, me dire : « Je ne « peux pas obtenir que la marine agisse ». L'escadre était encore à Toulon ! Dans ces conditions, je demande qu'on renonce aux escortes ; je vais faire partir les transports isolément. M. Gauthier (1) a envoyé à l'amiral de Lapeyrère cet ordre, qui *était contraire aux instructions qu'il avait reçues antérieurement, contraire à des instructions plus générales*.

« Celui-ci s'est dit : « C'est très bien, cela n'empêche « pas que si les bâtiments allemands tombent au milieu des « transports, c'est moi qui serai responsable. Comme je « n'ai rien à faire dans la Méditerranée occidentale, je vais « continuer à escorter les transports de troupes. »

Autant d'inexactitudes que de mots !

L'ordre du 2 août est le clou de l'affaire, si l'on peut s'exprimer ainsi ; il était donc naturel d'en faire le plus grand cas. Non seulement il n'était pas contraire aux

---

(1) M. Gauthier, ministre de la marine, a donné sa démission le 3 août et a été remplacé le 4 par M. Augagneur, qui appartenait au cabinet comme ministre de l'instruction publique.

instructions antérieurement données, mais il les confirmait, comme l'avait fait la lettre du 28 juillet que nous avons citée, et il enlevait à l'amiral, pour la seconde fois, tout droit de se retrancher derrière les risques que comportait son exécution, en spécifiant que « le Conseil des ministres avait encore décidé que le transport *spécial des troupes se fait par navires isolés, Département guerre en acceptant tous les risques* ».

C'était donc sans arrière-pensée, de ce côté, qu'il devait exécuter l'ordre dans lequel, après lui avoir indiqué la position du *Gœben* et du *Breslau*, dans la nuit du 31 juillet au 1er août, on lui disait : « Appareillez, et si on vous signale hostilités commencées, arrêtez-les ». Et, négligeant ces réalités, on lui fait dire : « C'est très bien, mais je suis tout de même responsable, et comme je n'ai rien à faire dans la Méditerranée occidentale, je vais escorter les transports » !

La démonstration par l'absurde ne vaut pas contre de pareilles évidences. En conformité de ses ordres et de toutes ses instructions, le commandant en chef devait courir d'abord dans la Méditerranée occidentale, où il avait donc quelque chose à faire, et plus loin si les circonstances l'y appelaient, à la recherche des croiseurs allemands ; en ne le faisant pas, il a encouru des responsabilités autrement graves que celles dont le gouvernement l'avait déchargé d'avance avec d'autant plus de raisons que la manœuvre qu'il ordonnait était la plus rationnelle pour assurer la sécurité des transports.

Mais M. Augagneur va aller plus loin encore.

« L'amiral français, assure-t-il, n'était pas chargé de

chercher les croiseurs allemands, et encore moins de les poursuivre, parce qu'il n'avait que la surveillance de la Méditerranée occidentale, de tout ce qui était à l'ouest de la Sicile, de la Sardaigne et de la Corse, en vertu d'une convention antérieure qui lui *défendait l'accès* de la Méditerranée orientale dont les Anglais avaient la charge. »

Sans nous arrêter à la conception singulière d'une Méditerranée occidentale ne comprenant pas le bassin tyrrhénien situé entre l'Italie, la Corse et la Sardaigne, dans lequel aurait eu à se jouer, sans doute, la grosse partie si notre sœur latine n'avait pas immédiatement déclaré sa neutralité, nous devons souligner que la convention visée par l'ancien ministre, et qui ne peut être que le protocole du 10 février 1913, n'exprimait pas ce qu'il lui fait dire. Il n'a voulu y voir que la première partie, basée sur l'hypothèse que l'Angleterre aurait conservé dans la Méditerranée une escadre suffisante pour s'occuper, à elle seule, de la Méditerranée orientale et de la flotte autrichienne, tandis que, par suite de la concentration de l'armée navale dans cette mer à la fin de 1913 et du départ des cuirassés anglais qui s'en était suivi, nous étions, en juillet 1914, dans le second cas prévu par le protocole, où l'on donnait le commandement de toutes les forces alliées à l'amiral français, sans limitation de zone d'action.

Mais il n'y a même pas à faire état de cette convention dans le cas présent. Par suite de la précipitation des événements, et aussi des incertitudes du début, le protocole du 10 février 1913, préparé par les états-majors, ne devait recevoir la ratification des gouvernements qui, seule, pouvait la rendre définitive, que le 6 août, l'Angleterre n'ayant déclaré la guerre que le 5, et le commandant en chef ne reçut avis que le 8 du texte définitivement arrêté à Londres. Il ne pouvait donc être invoqué que dans son esprit, et c'est ce que firent nos alliés de la façon la plus large en invitant, dès le 3 août, à s'entendre avec l'amiral français le commandant de leurs forces navales qui, sans délai, télégraphia à son collègue non seulement pour lui offrir une collaboration de forme, mais pour lui dire : « Comment puis-je vous assister le mieux ? »

Le même jour, presque au même instant, à 1 heure du matin, dans la nuit du 3 au 4 août, notre chef d'armée avait reçu le télégramme que nous avons déjà cité, dans lequel, après lui avoir défendu une fois de plus, sous la forme la plus impérative, de faire des convois, on lui prescrivait « de se concerter avec l'amiral anglais pour détruire les croiseurs allemands », ordre ferme, s'il en fut, ne limitant ni dans le temps ni dans l'espace l'action commune, et ne le pouvant pas, non seulement parce que les mesures d'exécution sont du domaine du commandement, mais parce qu'elles sont fonction directe des manœuvres de l'ennemi. Affirmer, après de telles précisions venant s'ajouter à celles contenues dans l'ordre du 2 août, que l'amiral de Lapeyrère n'avait pas à poursuivre les croiseurs allemands, est, de la part de M. Augagneur, une fantaisie d'autant plus audacieuse qu'il avait signé le 6 août une lettre dans laquelle il disait : « Il importe que la destruction du *Gœben* et du *Breslau* soit effectuée le plus tôt possible, et tous vos efforts doivent être dirigés sur ce but. »

La situation est claire. Les deux chefs alliés ont reçu, chacun de leur côté, un ordre identique ; ils doivent coopérer. L'amiral anglais prend immédiatement le contact avec l'ennemi et le suit ; il se met en même temps à la disposition de son collègue pour l'assister. Il semble qu'au reçu de cette offre, le commandant de notre armée navale, qui était assuré de la confiance de l'amiral Milne, aurait dû, au moins, se concerter avec lui, au sujet des mesures à prendre. Rien de pareil ne s'est produit. Le chef de la force principale se contente de remercier banalement l'amiral Milne de ce qu'il appelle « *sa bonne communication* », et il le prie de se charger, tout seul, non seulement des croiseurs allemands, mais de la flotte autrichienne et de la flotte italienne, pendant qu'il est occupé, lui, dans la Méditerranée occidentale, où il se livre à des escortes encore plus inopportunes que défendues. Après la constatation de pareilles contre-vérités sur des sujets précis, il nous paraît inutile de suivre l'ancien ministre de la marine dans les considérations tactiques auxquelles il s'est livré, et où sa fantaisie avait encore plus le champ libre. L'argumentation maladroite de M. Augagneur, s'il était permis d'y prêter une valeur, au lieu d'atténuer les fautes commises, ne pourrait que les souligner ; inutile d'insister.

IX

CRITIQUES DU COMMANDANT
DE L'ARMÉE NAVALE

Les observations de l'ancien commandant en chef de l'armée navale sont d'un tout autre ordre et méritent d'être examinées avec la plus grande attention.

« Il tient à expliquer, tout d'abord, que, s'il a été conduit à transgresser, *en apparence*, les ordres du gouvernement, c'est parce que les événements l'ont impérieusement exigé. Il déclare qu'il était, plus que personne, partisan du système de la couverture à distance par l'offensive prise contre l'ennemi dès le début des hostilités, qu'il l'avait affirmé en toutes circonstances et, en particulier, devant le Conseil supérieur de défense tenu en 1912, et qu'il avait réclamé avec insistance son adoption. Il était donc décidé à l'employer, mais, à l'arrivée du télégramme de Bizerte, le 2 août, à 18 h. 53, l'informant de la présence du *Gœben* dans les parages de ce port, il crut prendre la plus élémentaire et la plus indiquée des précautions en télégraphiant au préfet maritime de ne laisser, à aucun prix, prendre la mer aux transports de troupes avant l'arrivée des escortes et en donnant le même avis au commandant de la marine à Alger. Il avait d'ailleurs prévenu le ministre, par télégramme expédié à 20 heures, qu'il estimait indispensable de former des convois, et qu'il ferait partir le lendemain matin la division de complément pour Alger.

« C'est cinquante minutes après, à 20 h. 50, qu'était interprété le télégramme ministériel (*parti de Paris à 16 heures*) lui prescrivant d'appareiller pour prendre les croiseurs allemands dont on lui avait indiqué la position de la veille, et l'informant que « le Conseil « des ministres avait décidé (1) que le transport des « troupes se ferait par navires isolés, le département « de la guerre en acceptant tous les risques ».

« Bien que « parfaitement clair », reconnaît l'amiral de Lapeyrère, ce télégramme, arrivé cinquante minutes après le départ du sien, ne pouvait certainement pas lui apparaître comme une réponse à celui qu'il avait envoyé. Il en expédia alors un second, à 23 h. 20, informant le ministre des dispositions qu'il avait prises et insistant sur la nécessité des convois.

« Il comptait avoir une réponse lui confirmant ou annulant les volontés du gouvernement. Elle n'arriva que le 4 août, à 1 h. 10 du matin. Mais, cette fois, elle était tellement nette qu'il *s'empressa*, comme commencement d'exécution, d'informer le commandant de la marine à Alger qu'il pouvait embarquer les troupes, en ajoutant qu'il était désireux de s'entretenir avec le général commandant du corps d'armée, en vue des dispositions à prendre. »

Comme commencement d'exécution d'un ordre qui prohibait une fois de plus de faire des convois et prescrivait de rechercher l'ennemi, c'est peu, lorsque l'on considère que l'ordre initial et pressant datait déjà de

____

(1) Le télégramme portait : « Avait *encore* décidé ».

trente heures, que s'il n'avait pas été exécuté sans délai, c'était par suite d'un malentendu qui ne serait pas né si l'on n'avait pas mis cinq heures à le déchiffrer et si, surtout, l'amiral, auquel il était adressé, ne s'était pas refusé à y voir, contre toute évidence, ce qu'il avait d'impératif et d'indiscutable. La défense délibérée et renouvelée qu'exprimait la phrase : « Le Conseil des ministres a *encore* décidé » ne coupait-elle pas court, sans contradiction possible et de manière définitive, à toute discussion, en confirmant une fois de plus le télégramme et la lettre du 28 juillet, dans lesquels l'état-major général avait si nettement rappelé les conditions du rapatriement des troupes d'Afrique? Il n'y avait pas matière à l'envoi d'un nouveau télégramme, et l'on comprend que, croyant lui aussi, mais avec raison, à un malentendu, le ministre n'ait pas cru devoir, par une réponse de plus, embrouiller la question et ne se soit résigné à le faire qu'après avoir jugé, d'après la lenteur des mouvements de l'armée navale, qu'on ne l'avait pas encore compris.

Mais pourquoi donc cette lenteur?

Nous avons très volontiers admis qu'au moment où le commandant en chef a appris la présence des croiseurs allemands dans les parages de Bizerte, il avait eu raison de ne laisser partir aucun transport avant qu'eussent été prises les mesures de sécurité indispensables, mais quelle que soit la méthode envisagée, même celle des convois, il fallait aller vite. Pourquoi le contraire?

A ce reproche, d'importance capitale, l'amiral répond qu'il avait plusieurs raisons à opposer. La première, la nécessité de ne pas trop s'éloigner des côtes de France et de Corse, dans l'ignorance où il était des dispositions de l'Italie. La seconde, l'ignorance également des intentions des croiseurs allemands, « qui ne devaient pas nécessairement, dit-il, se diriger vers Philippeville, alors que tout portait à croire que le but de leur mission était l'attaque, en mer, de nos transports ». Et, enfin, « l'impossibilité d'atteindre avant eux le passage situé au sud de la Sardaigne, le ministre l'ayant informé par un télégramme reçu le 3, à 1 h. 30, c'est-à-dire avant le départ de Toulon, que les Allemands *passaient* à Messine ».

Il ajoutait que « la rencontre, à la sortie de Toulon, d'un paquebot italien signalant, en clair, que la flotte française se dirigeait *à toute vitesse* vers le sud n'était pas faite pour modifier sa décision, parce qu'il considérait qu'en gardant une vitesse inférieure à celle signalée par l'indiscret qu'il avait trouvé sur son chemin, il avait des chances de dérouter l'ennemi qui, ayant en vue la destruction en mer de nos transports, devait se diriger de préférence sur les Baléares, centre tout indiqué pour la surveillance des zones que devaient infailliblement traverser nos transports ».

A la première raison, nous répondrons que le commandant en chef n'était pas dans l'ignorance qu'il invoque au sujet des intentions de l'Italie. Il avait reçu, depuis le 26 juillet, plusieurs télégrammes d'où ressortait nettement qu'elle ne se préparait pas à entrer dans la guerre (1). C'était évidemment la pensée du gouverne-

<hr>

(1) L'objection a une telle portée que, lorsque, dans la séance du 5 mars 1918, elle fut présentée à l'amiral de Lapeyrère, en lui relisant

ment, lorsque, le 2 au soir, il désignait le *Gœben* et le *Breslau* comme seuls objectifs.

Bien médiocre, par conséquent, cette explication basée sur une inquiétude qui ne dominait certainement pas l'esprit de l'amiral autant qu'il l'affirme, puisque, après en avoir été délivré par l'arrivée, le 3 août à 18 heures, du télégramme lui notifiant la neutralité de l'Italie, il ne profita pas de sa liberté pour hâter sa marche.

A la seconde, l'ignorance des intentions des croiseurs allemands, il est aisé de répondre qu'à la guerre la première règle du jeu, pour les adversaires, est de se dissimuler leurs projets, mais que l'information et la recherche en sont la contre-partie ; que l'on n'a donc pas le droit de se prévaloir de l'ignorance des intentions de l'ennemi, quand on ne s'est pas servi des moyens de les pénétrer. Il y avait une information précise ; on savait que le *Gœben* et le *Breslau* étaient à Brindisi dans la nuit du 31 juillet au 1er août. Le seul projet que l'on pût leur prêter, du moins le seul que nous eussions à redouter, était de les voir passer dans la Méditerranée occidentale. Ils ne pouvaient le faire qu'en franchissant le canal compris entre le sud de la Sardaigne et la côte d'Algérie, dont ils étaient à 600 milles, alors que Toulon est à 300 milles de son extrémité nord et à 410 milles de son extrémité sud. Même avec la différence de vitesse de ces croiseurs et de l'armée navale, la rencontre à temps

les télégrammes qui lui avaient été envoyés pour le tenir au courant des mouvements des bâtiments italiens, il ne sut répondre que : « Je n'ai pas mémoire de ces télégrammes. »

était possible ; c'était donc de ce côté qu'il fallait aller sans perdre un instant pour les rechercher.

On nous répond qu'il était trop tard, parce que le ministre avait télégraphié le 3, à 1 h. 30 du matin, qu'*ils passaient* à Messine. C'est inexact ; le message invoqué disait textuellement : « *Gœben* et *Breslau* ont quitté Brindisi, *Gœben* pour Tarente, *Breslau* pour Messine ». Il indiquait un *séjour* et non un *passage*, plutôt une hésitation qu'une détermination ferme, encore moins une direction, et la preuve qu'il ne pouvait pas être obligatoirement invoqué au sens péjoratif que lui donne l'amiral, est que, malgré la faible vitesse adoptée par l'armée navale, son aile gauche est arrivée dans les parages où se trouvaient les croiseurs allemands à l'aurore du 4 août, et qu'elle serait même tombée sur eux, si le plus malencontreux des ordres ne l'avait pas obligée à rebrousser son chemin vers Alger.

A cette mauvaise raison, le commandant en chef veut encore en ajouter une autre. Il place aux Baléares le centre rationnel de la croisière du *Gœben*. Il est vraiment surprenant, et nous le soulignons, de voir combien, prêt, comme il l'est toujours, à excuser ses conceptions négatives par des raisons d'excessive prudence, il est, au contraire, disposé à prêter à son adversaire tous les excès d'audace. Tirant prétexte de ce que les Baléares se trouvent, obligatoirement, sur la route des transports, il en conclut que cet archipel doit être l'objectif des croiseurs allemands. Il ne considère pas un instant que ces îles ne sont qu'à 200 milles de nos côtes, que nous avons tous les moyens de ne pas les y laisser en toute tranquillité ; qu'il suffit d'y garder une partie, même assez réduite, de nos forces, soutenues par quelques contre-torpilleurs et sous-marins, pour leur créer une situation les acculant rapidement à l'internement en pays neutre qui nous en eût débarrassés, et que, pour cette raison, ils ne pouvaient songer sérieusement à venir s'y poster.

C'était leur supposer encore plus de naïveté que d'audace, de leur prêter de tels projets, et nous ne pouvons pas croire que ce fut une des causes de la lenteur de l'armée navale.

Pas plus que nous n'admettons, malgré l'assurance qui nous en est donnée *a posteriori*, que le fait d'avoir constaté, au moment du départ de Toulon, qu'un paquebot italien avait télégraphié que l'armée navale se dirigeait *à toute vitesse* vers le sud, ait pu suggérer à son chef qu'il allait tromper l'ennemi en continuant sa marche lente. Singulière ruse, en vérité ! Encore faudrait-il savoir si le but était de l'éviter ou de l'exposer à tomber inopinément sur soi. Nous écartons la première hypothèse, tant elle est invraisemblable, mais, pour répondre à la seconde, le mieux n'était-il pas, au lieu de se livrer à un jeu de cache-cache que la supériorité de nos forces ne permet pas de prendre au sérieux, d'aller rapidement au-devant de l'ennemi ?

Tout cela n'est que mauvaises raisons. L'armée n'avançait à la vitesse de 11 nœuds que parce que son chef n'avait pas compris son rôle, parce qu'il était submergé par les incertitudes qu'il avait créées lui-même, parce qu'il n'avait pas la foi ! Et quand, au lieu du contre-ordre qu'il attendait toujours, il reçoit, une fois de plus, dans la nuit du 3 au 4 août, la confirmation des instructions qu'il n'avait jamais voulu exécuter, il n'en fait pas davantage. Il se contente de ce qu'il appelle si singulièrement « un commencement d'exécution », en continuant à se diriger sur Alger, pour s'entendre avec le général commandant le XIXe corps d'armée, sans d'ailleurs plus hâter sa marche qu'il ne l'avait fait au moment de la notification de la neutralité italienne. Et cependant, à ce moment-là il n'ignorait pas la position des croiseurs allemands. Il avait reçu à minuit l'avis « que le *Gœben* et le *Breslau* avaient quitté Messine presque en même temps que lui Toulon ; que la division anglaise, avec neuf contre-torpilleurs, les cherchait dans l'ouest le 3 août, à 9 heures du matin » ; puis, une heure et demie après, « qu'ils avaient échappé à la surveillance britannique ». Leur marche vers l'ouest était certaine ; tout commandait de se presser. Rien, toujours rien !

Seule la nouvelle, qui devait le surprendre quelques heures plus tard, du bombardement de Bône et de Philippeville, le décide à se presser.

C'est le second acte qui commence ; la partie est compromise, mais elle n'est pas perdue. On sait nettement, à cet instant, où se trouvent les ennemis ; on sait que la division anglaise les tient vers l'est, que la première escadre, celle de l'amiral Chocheprat, est à leur portée. C'est alors que le commandement décide les manœuvres qui aboutissent à la concentration à Alger, et qui s'achèvent le 5, date à laquelle l'armée navale, ne s'occupant plus du *Gœben* et du *Breslau*, se met à escorter les transports. Nous les avons critiquées ; voici la réponse :

L'amiral de Lapeyrère s'appuie, surtout, dans son argumentation, sur la confusion des nouvelles qui lui parvenaient.

Les sémaphores, dit-il, me signalaient, par l'intermédiaire du commandant de la marine à Alger (télégramme reçu à 23 h. le 4) : 1° qu'un croiseur ennemi était, à 17 h. 30, à 10 milles au nord-ouest du phare de l'île Sirigina ; 2° que les croiseurs allemands étaient, à 23 heures, dans les parages du cap de Fer, tandis qu'Oran disait, à 16 h. 30, qu' « un combat était engagé entre batteries de côte et navires ». « Dans ce dédale d'informations, conclut-il, il était difficile de se reconnaître. »

Peut-être que si, étant donné que, par leur fantaisie même, elles attestaient un affolement qui les rendait d'autant plus suspectes qu'il était facile de leur opposer les renseignements précis, qu'avaient soulignés les coups de canon de Bône et Philippeville, fournis par le ministre de la marine, l'amiral anglais et le préfet maritime de Bizerte. Il est vrai que, pour en atténuer la portée, l'amiral a déclaré qu'il n'avait jamais reçu le plus important d'entre eux, signalant avec une certitude absolue, dans la soirée du 4, que le *Gœben* et le *Breslau* étaient au contact de la division anglaise à 9 heures du matin, et se trouvaient à 50 milles au nord de Bône. Bien que l'argument ne fût pas péremptoire, l'affirmation était grave et demandait une enquête qui fut conduite par M. Abel, membre de la Commission de la marine, et d'où il est résulté que le précieux télégramme, expédié de Paris le 4 août, à 18 h. 35, a été acheminé par la station radio-télégraphique de Fort-de-l'Eau (Alger) ; que ce poste l'a transmis au *Courbet* (bâtiment amiral auquel il était destiné) à 20 h. 35, après avoir reçu de lui réponse à son appel ; que l'enregistrement de la transmission a été retrouvé au Fort-de-l'Eau ; qu'on aurait dû la trouver également sur le cahier de réception du *Courbet*, d'abord, puis sur le cahier de traduction. Or, elle n'y est pas. C'est un mystère « d'autant plus difficile à pénétrer, dit M. Abel, que, d'après un rapport, en date du 24 décembre 1917, de l'amiral Gauchet, commandant alors l'armée navale et chargé de faire des recherches à bord des autres cuirassés, le télégramme a été reçu à bord du *Diderot* et relevé dans le cahier 35 de ce bâtiment, à la journée du 4 août, 20 h. 50. »

Il y a là quelque chose de bien singulier, mais le moins qu'on puisse en dire est que cela révèle, dans les services de l'état-major de l'armée navale, un désordre ou une indifférence inexcusables. C'est seulement à ce titre que nous devons signaler ce que M. Abel s'est contenté d'appeler « un incident curieux », car, au fond, il y avait assez d'informations concordantes, sans celle-là, pour éclairer le commandement, et il est naturel de conclure, comme l'a fait le rapporteur, « qu'il croit pouvoir affirmer que, même si le télégramme était arrivé à destination, *l'amiral, avant tout préoccupé de faire des convois, n'eût pas changé les dispositions qu'il avait prises* ».

C'est la constatation aussi sincère que juste de l'état d'esprit du chef qui, en dehors de sa conception, ne voulait rien savoir, et qui va continuer à s'y entêter malgré toute vraisemblance. Et c'est parce qu'il ne voulait rien savoir qu'après avoir constaté que *l'ennemi n'était pas venu* dans la souricière qu'il lui avait si singulièrement préparée, le 4, devant Alger, alors qu'il n'y avait plus de doute possible sur la direction qu'il avait prise, que tous les télégrammes concordaient pour le montrer à l'est, qu'il était encore temps d'aller le bloquer entre les croiseurs anglais et soi, il met à exécution, dès le 5, au matin, son plan d'escorter des transports avec tous les bâtiments de l'armée navale, sauf trois, le *Courbet*, le *Vergniaud* et le *Condorcet*, avec lesquels il forme, sans doute pour sauver les apparences, un groupe dit de chasse, mais qu'il conduit lui-même vers les Baléares, juste à l'opposé de la direction vers laquelle l'ennemi s'en était allé.

Il n'éprouve même pas le besoin de s'en expliquer avec le ministre, comme s'il n'avait jamais eu d'instructions contraires, et, sans y faire aucune allusion, il se contente de dire, à la fin de son rapport du 7 août résumant ses mouvements : « L'ennemi ne parut pas. J'ai su par la suite que, se contentant de ses démonstrations sur Bône et sur Philippeville, il s'est retiré dans l'est. » Il accompagne lui-même, avec le *Condorcet*, les bâtiments lents et ralliera ensuite Toulon où la section hors-rang, la 1re escadre et la 1re division légère seront concentrées le lendemain, le 8.

Aux questions pressantes que posait le rapport fait au nom de la Commission de la marine sur tous ces points, il était bien difficile de répondre ; aussi l'amiral finit-il par invoquer une raison qu'il croit décisive, en soutenant, comme M. Augagneur l'avait fait, que s'il ne s'est pas dirigé vers l'est, c'est parce que les Anglais avaient, seuls, la responsabilité de la Méditerranée orientale, appréciation dont nous avons déjà fait justice ; mais il ajoute, à ce propos, qu'il n'avait pas à les commander, que toute l'erreur de ceux qui l'accusent est de l'avoir prétendu, et qu'ils ne l'ont fait que parce qu'ils voulaient rejeter sur lui la responsabilité de l'évasion des croiseurs allemands. C'est encore une inexactitude. Il a été fait, il est vrai, dans le rapport, une allusion aux responsabilités que l'amiral de Lapeyrère aurait dû entrevoir comme commandant, désigné éventuellement dans le protocole du 10 février 1913, des forces alliées en Méditerranée, et nous le maintenons ; mais ce que nous avons dit, c'est « que la proposition de l'amiral anglais (et nous le maintenons aussi), lui apportant sa collaboration et son assistance immédiates, l'investissait d'une autorité d'autant plus grande qu'elle reposait sur une offre spontanée de belle camaraderie militaire, impliquant à la fois subordination et confiance ». Il est malheureux qu'il n'ait pas compris les devoirs qui en résultaient pour lui, et qu'il se soit contenté d'y répondre, comme il l'a fait, en le chargeant de tout l'ennemi flottant, pendant qu'il faisait ses convois, sans autre explication que celle, vraiment stupéfiante, qu'il a donnée dans sa note de janvier 1917 : « qu'il n'a pas offert son concours à l'amiral Milne *parce qu'il n'en avait pas besoin puisqu'il offrait le sien* ».

N'était-ce pas, au contraire, de la collaboration des **deux forces navales, française et britannique, qui avait** été ordonnée par le ministre et offerte par l'amiral anglais sur l'ordre de son gouvernement, nous l'avons prouvé par des textes formels, que dépendait le succès? Elle n'a pas eu lieu. Là est la faute. Sur qui retombe-t-elle? La réponse est trop nette pour que nous la formulions une fois de plus.

Personne ne voudrait affirmer que, même sans notre concours, les croiseurs allemands n'auraient pas pu être arrêtés par la force supérieure qu'à eux seuls représentaient les trois croiseurs de bataille anglais. Leur manœuvre n'a peut-être pas été impeccable. On peut reprocher à l'amiral Milne d'avoir trop facilement admis que le *Gœben* et le *Breslau* ne pouvaient se diriger que vers l'Adriatique, et de n'avoir laissé aux abords de Messine qu'un petit croiseur, le *Gloucester*, chargé de l'avertir de leur départ, alors qu'il se tenait à l'entrée du canal d'Otrante. On sait avec quelle habileté l'amiral Souchon a déjoué ses prévisions en se dirigeant d'abord vers le nord, se gardant bien de brouiller les signaux du *Gloucester*, qui en informait l'amiral anglais, puis en faisant subitement route vers l'est, à la nuit tombante, et lançant des ondes perturbatrices qui ne permirent pas au croiseur de surveillance anglais d'avertir son groupe. Trop de confiance d'un côté, grande habileté de l'autre, permettent de dire que l'amiral Milne a eu tort de n'envisager qu'une solution là où il y en avait plusieurs, et qu'il eût sans doute beaucoup mieux valu serrer Messine de plus près. Mais cela relève de l'Amirauté britannique et ne saurait décharger la responsabilité encourue de notre côté alors qu'on peut dire, avec une certitude presque absolue, que si l'amiral français s'était attaché à la poursuite du *Gœben* et du *Breslau* dans la direction où ils se dérobaient, c'est-à-dire vers Messine, d'où l'escadre de l'amiral Chocheprat, avec six cuirassés, quatre croiseurs cuirassés et ses flottilles, n'était qu'à 350 milles à l'aube du 4 août, d'où le gros de l'armée était à 450 milles au même moment (vingt-trois heures à 15 nœuds pour l'un, trente heures pour l'autre), alors que les Allemands ne l'ont quittée que quarante-huit heures plus tard, le résultat eût été tout différent.

Là est toute la question, et il est inutile de suivre le commandant en chef dans toutes les subtilités qu'il a développées dans sa note, pour répondre aux accusations précises que nous avons formulées. Rien n'est plus facile que d'accumuler, pour les profanes, des hypothèses même invraisemblables, dans une affaire de tactique même la plus simple, comme celle-ci qui peut se résumer en une phrase :

Si l'armée navale, en exécution des ordres du gouvernement, avait appareillé sans délai et avait marché avec ses meilleures unités à la vitesse convenable, serait-elle arrivée à temps pour barrer la route aux croiseurs allemands, les rejeter sur les bâtiments anglais qui lui offraient leur collaboration, et, par conséquent, bloquer l'ennemi, sinon le détruire?

Oui.

Et alors nous avons le droit de dire que, de quelque manière qu'on envisage l'évasion du *Gœben* et du *Breslau*, malgré les obscurités, les réticences, les inexactitudes et les équivoques que l'ancien ministre de la marine et l'ancien commandant en chef ont opposées à nos raisonnements, et peut-être à cause d'elles, pourrions-nous ajouter, toutes nos conclusions subsistent.

La responsabilité de l'amiral de Lapeyrère est énorme ; est-elle partagée?

X

LA RESPONSABILITÉ DU MINISTRE

La question se pose parce qu'à côté, sinon au-dessus de la responsabilité du commandant en chef de l'armée navale, peut apparaître celle du ministre de la marine qui, du jour où il est entré en contact avec la Commission de la marine pour répondre aux inquiétudes dont celle-ci s'était faite l'écho au sujet de l'inaction de nos escadres, a défendu leur chef avec une ténacité qui ne s'est jamais démentie. Il l'a fait à coups d'arguments dont nous avons contesté la valeur, en homme qui, se considérant comme solidaire de tout ce qu'il avait laissé faire, cherchait à s'en expliquer au mieux. Mais, de même que, dans les explications échangées, l'amiral de Lapeyrère ne s'était jamais retranché derrière son ministre, celui-ci n'avait jamais été jusqu'à déclarer qu'il prenait à son compte tous les actes de son subordonné. Le rapport de l'enquête faite par M. Chaumet en octobre 1917 allait fournir l'occasion d'une attitude nouvelle. L'amiral de Lapeyrère ayant invoqué comme une approbation, par avance, de ses actes, au sujet de la formation des convois, un télégramme 2783 du 3 août, 20 h. 45, commençant par les mots : « Gouvernement a toute confiance dans votre vigilance et votre énergie pour assurer sécurité aux transports, etc. », le ministre enquêteur lui fit remarquer que c'était à tort, puisque le même télégramme défendait absolument d'en faire, dans sa deuxième partie ; mais M. Chaumet met en note :

« Cependant, le commandant en chef peut, dans une certaine mesure, soutenir que le gouvernement approuve ses décisions, puisqu'il lui envoie le télégramme suivant le 4 août, à 11 h. 50 :

« N° 2800. Gouvernement exprime pleine confiance et serait heureux recevoir vos nouvelles régulièrement. Signé : VICTOR AUGAGNEUR. »

La forme incidente donnée à l'observation semble indiquer que l'auteur du rapport n'attachait qu'une importance relative à cette suggestion formulée par l'intéressé, pour la première fois, plus de trois ans après les événements ; mais la question posée, même sous cette forme, demandait à être éclaircie. C'est pour cela que, lors de l'audition de l'amiral de Lapeyrère du 5 mars 1918, il lui fut demandé s'il avait considéré qu'il était réellement couvert par le télégramme 2800.

Il répondit, après une légère hésitation, par l'affirmative, qui fut immédiatement et violemment soulignée par cette phrase de M. Augagneur :

« C'est moi le ministre responsable. L'interprétation de l'amiral de Lapeyrère est exacte. J'ai donné mon approbation aux mesures qu'il a prises, et je ne l'ai jamais caché. »

Que l'ancien ministre n'ait jamais cessé de couvrir les actes de son subordonné, il n'y a aucun doute ; mais la question qui se pose est de savoir s'il l'a fait avec des arguments suffisants et, surtout, s'il pouvait couvrir de sa responsabilité personnelle des actes qu'il a mal connus, qu'il ne connaissait certainement pas au moment où il a envoyé son télégramme, et dont certains, les plus graves, étaient antérieurs à son entrée au ministère de la marine.

Sur ce dernier point, la réponse ne saurait être douteuse. M. Augagneur n'a pris ses fonctions que le 4 ; il n'était pas comptable des faits qui s'étaient passés jusque-là, et ce sont les plus graves ; et il n'a pas le droit de dire que, par son télégramme, exceptionnellement signé de son nom, ce qui lui donnait une forme personnelle dans laquelle on serait disposé à ne voir qu'une prise de contact bienveillante, il annulait d'un coup tous les ordres reçus jusque-là et en cours d'exécution.

C'est inadmissible, parce que le gouvernement comptait, le 4 août comme la veille, parmi ses membres, M. Messimy, ministre de la guerre, qui avait été le plus ardent à s'opposer aux escortes retardatrices que voulait faire le commandant de l'armée navale, et avait déclaré accepter tous les risques de la décision qu'il demandait. Le nouveau ministre de la marine, dans sa dépêche de forme privée, ne pouvait pas notifier en une phrase vague l'annulation des ordres réitérés, dont le dernier datait seulement de douze heures, qu'avait jusque-là donnés le gouvernement. Quand on veut revenir sur des injonctions aussi formelles que celles contenues dans la lettre du 28 juillet et dans les télégrammes des 2 et

3 août, on écrit, si l'on veut, pour adoucir la forme : « Le gouvernement a pleine confiance en vous », mais, à cette phrase de sens indéterminé, on ajoute : « et, pour vous laisser toutes les initiatives que comportent l'accomplissement de votre mission et cette confiance, il annule formellement vos instructions générales, ainsi que ses télégrammes des 2 et 3 août vous défendant de faire des convois. Il vous donne toute liberté de manœuvre pour que vous puissiez agir sans arrière-pensée, en toute liberté, en ne vous inspirant que des circonstances. »

Cela n'a pas été dit, cela ne pouvait l'être par le ministre de la marine, sans trahir la pensée de ses collègues, et même la sienne, puisque, deux jours après, le 6, il signait une lettre dans laquelle il était dit : « Il importe que la destruction du *Gœben* et du *Breslau* soit effectuée le plus tôt possible en collaboration avec les forces anglaises et tous vos efforts doivent être dirigés vers ce but », et que deux jours plus tard encore, le 8, sans doute inquiet de l'attitude passive à laquelle s'était définitivement résolu, dès le 5, l'amiral de Lapeyrère, qui paraissait avoir oublié qu'il y avait une escadre autrichienne, il lui adressait le télégramme : « Cessez immédiatement toute conduite de transports de troupes... Votre mission est de joindre vos efforts à ceux de l'armée anglaise pour empêcher escadre autrichienne de franchir les Dardanelles et d'entrer dans la mer Noire. »

De pareilles citations démontrent qu'à ces deux dates M. Augagneur, suivant en cela la pensée du gouvernement dont il faisait partie, voulait « l'action », et c'est un démenti formel à l'interprétation donnée trois ans plus tard, sous la pression d'enquêtes troublantes, à un texte vague qui, au fond, ne voulait rien dire. Si l'amiral de Lapeyrère avait eu la conviction que le télégramme invoqué annulait les ordres reçus et lui donnait liberté de manœuvre, il y aurait fait appel dans sa note de janvier 1917. Son silence prolongé, rapproché de celui de M. Augagneur, qui avait eu, pendant trois ans et demi, tant d'occasions d'en parler et qui ne l'a fait que le 5 mars 1918, démontre que ni l'un ni l'autre ne l'avaient interprété comme ils l'ont affirmé plus tard. Il serait cependant excessif de dire que le télégramme n° 2800, si tardivement rappelé pour les besoins d'une mauvaise cause, n'a pas eu d'influence sur la suite des opérations. A la réception de celui du 4 août, 1 h. 50 du matin, qui prescrivait pour la troisième fois de ne pas faire de convois, l'amiral de Lapeyrère trouvait « la situation tellement nette » — il le dit dans sa note de janvier 1917 — qu'il allait passer à l'exécution. Douze heures plus tard, il prend la décision contraire, et le seul fait nouveau intéressant est la réception du télégramme signé « Victor Augagneur ». Comment ne pas en conclure qu'il a vu dans la sympathie qui lui était témoignée l'affranchissement définitif des volontés qui, jusque-là, s'étaient opposées à la sienne, et tout ce qui s'est passé depuis montre qu'avec sa finesse indiscutable, il ne s'était pas trompé.

La partie était liée et elle devait le rester jusqu'au bout, les responsabilités aussi. Nous en constatons aujourd'hui le résultat.

Par suite de circonstances particulièrement heureuses,

les deux croiseurs allemands furent, pendant les dix premiers jours de la guerre, les seuls adversaires d'une flotte alliée considérable qui les tenait de toutes parts. Il ne semble même pas que le commandant de la force principale ait songé à les joindre, et lorsqu'il a reçu l'ordre de marcher à leur rencontre, on n'aperçoit dans son action, au lieu de la volonté de les atteindre, qu'une sorte d'indifférence méprisante pour ceux qui n'avaient pas compris à sa manière qu'il n'y avait pas d'autre manœuvre à faire que de masser ses bâtiments de combat autour des transports.

Mépris total des règles les plus élémentaires non seulement de la tactique, mais du bon sens, et qui, en dehors de la déception d'une superbe occasion manquée d'infliger au pavillon allemand, dès les premiers jours des hostilités, une humiliation retentissante, devait avoir de si graves répercussions sur la situation politique et militaire des alliés dans la Méditerranée. Partagée ou non, la responsabilité est écrasante pour ceux qui avaient alors en main l'honneur de la marine française.

CHAPITRE III

DANS L'ADRIATIQUE

LA CONVENTION DU 6 AOUT 1914

Les croiseurs allemands se sont réfugiés dans les Dardanelles ; les grands croiseurs anglais les y ont suivis et vont les tenir étroitement bloqués. Mais c'est, au lieu du prestige que nous aurait donné leur capture, comme entrée de jeu, du côté des États balkaniques, la source de toutes les difficultés et complications qui vont s'y développer. Nous allons en examiner les suites, mais il convient tout d'abord de définir la situation réciproque des chefs des forces navales alliées dans la Méditerranée.

Ils avaient agi, pendant que se déroulait l'affaire du *Gœben* et du *Breslau,* sous un régime de bon accord qu'avait souligné l'offre d'assistance de l'amiral Milne, et qui s'inspirait des principes énoncés dans le protocole du 10 février 1913 ; mais celui-ci n'avait pas encore reçu la ratification prévue dans les lettres échangées les 22 et 23 novembre 1912 entre sir Edward Grey et M. Paul Cambon. Ce ne fut que le 5 août, au moment où il déclara la guerre à l'Allemagne, que le gouvernement anglais fit mander à Londres le chef d'état-major général de la marine française, pour arrêter les termes définitifs de la convention destinée à régler l'action commune.

Elle porte la date du 6 août, et est conçue dans les termes suivants :

« Entre l'Amirauté britannique et le ministre de la marine française, représenté par le sous-chef d'état-major de la marine, il a été convenu ce qui suit :

« 1° En dehors de la Manche, pour laquelle des conventions spéciales déjà arrêtées sont maintenues, et de la Méditerranée, la direction générale des opérations maritimes appartient à l'Amirauté britannique, et les forces navales françaises, en dehors de ces deux mers, seront placées entièrement sous les ordres des commandants supérieurs britanniques ;

« 2° Dans la Méditerranée, la direction générale des opérations appartient à la France.

« Tant que le *Gœben* et le *Breslau* ne seront pas détruits ou capturés, les forces navales anglaises actuellement en Méditerranée coopèrent avec l'armée navale française à cette destruction ou capture.

« Dès que cette opération sera terminée, les trois croiseurs cuirassés anglais reprendront leur liberté d'action, sauf dans le cas où l'Italie romprait sa neutralité.

« Les forces navales méditerranéennes anglaises sont les suivantes :

« Un ou deux croiseurs cuirassés, quatre croiseurs légers, seize contre-torpilleurs] et les défenses mobiles de Malte et de Gibraltar seront placés sous les ordres du commandant en chef de l'armée navale française.

« Malte et Gibraltar serviront de bases aux forces navales françaises.

« 3° La marine française assurera dans toute la

Méditerranée la protection du commerce anglais et français. En particulier, elle agira contre les forces autrichiennes, si la guerre est déclarée entre la France et l'Autriche (1), et assurera, en tout cas, une surveillance rigoureuse de la sortie de l'Adriatique.

« Elle surveillera également la sortie du canal de Suez et le détroit de Gibraltar, et empêchera l'entrée en Méditerranée des croiseurs ou croiseurs auxiliaires ennemis.

« Afin de faciliter la collaboration des deux Amirautés, des communications rapides et sûres seront organisées entre le ministère de la marine, à Paris, et l'Amirauté britannique, à Londres, par une ligne télégraphique spéciale, et les deux Amirautés échangeront journellement toutes nouvelles concernant les opérations.

« Lorsque le transport des troupes anglaises à travers la Manche sera effectué, les forces navales françaises employées à la protection de ce transport, à l'exception des flottilles de défenses locales, restent à la disposition de l'Amirauté britannique pour être employées suivant ses plans d'opération.

« Londres, le 6 août 1914.

« *Le premier lord naval,*

« Signé : PRINCE DE BATTENBERG.

« *Le sous-chef d'état-major général*
de la marine,

« Signé : SCHWERER. »

(1) La déclaration de guerre de la France et de l'Angleterre à l'Autriche n'eut lieu que le 13 août.

Cette convention est certainement moins précise, en ce qui concerne le commandement en Méditerranée, que le protocole auquel elle a succédé. Elle tient compte du fait nouveau survenu en décembre 1913, la descente du *Gœben*, qui avait entraîné, comme réplique, l'envoi de trois croiseurs cuirassés anglais de même puissance. Le gouvernement britannique ne veut pas les considérer comme définitivement détachés de la « Grande Flotte »; il tient à spécifier qu'ils ne sont là que pour répondre à un besoin déterminé et il prévoit leur retour dès que ce besoin n'existera plus. Il ne les prête que pour coopérer à la capture ou la destruction du *Gœben* et du *Breslau* ; mais il précise que s'ils ne doivent agir, en cette circonstance, qu'en *coopération* avec, d'ailleurs, les autres bâtiments anglais, c'est sous la haute direction du commandant en chef de notre armée navale, contrairement à l'opinion de ceux qui ont prétendu qu'il n'avait pas à se préoccuper de la poursuite des croiseurs allemands.

De même que l'énumération faite au paragraphe 2º des forces méditerranéennes anglaises mises à la disposition de ce commandant en chef, pour l'aider à assurer la *charge totale* de la sécurité de toute la Méditerranée qui lui incombe d'après le paragraphe 3º, ne permet pas de dire qu'il n'avait pas sur celles-ci une complète autorité. Nous avons d'autant plus le droit d'interpréter la convention, à ce sujet, dans son sens le plus large, malgré l'obscurité qui a pu être jetée depuis sur son interprétation, qu'en donnant quelques jours plus tard, comme nous le verrons dans un instant, l'ordre à l'amiral de Lapeyrère de se rendre dans l'Adriatique « avec tous les bâtiments disponibles, *anglais* et *français* », le ministre de la marine reconnaissait implicitement son autorité absolue sur le groupement des forces navales alliées, à la seule exclusion des trois croiseurs de bataille anglais.

C'était l'interprétation naturelle d'un texte qui voulait certainement dire : Contre le *Gœben* et le *Breslau*, en vue de leur capture ou de leur destruction, coopération, sous la haute direction de l'amiral français, des deux parties des forces alliées agissant chacune sous les ordres de leur chef respectif ; s'il n'y a pas lieu de les employer simultanément dans ce but déterminé, emploi, sous le commandement de l'amiral français, en vue de toutes opérations utiles à sa mission, de toutes les forces alliées disponibles.

C'est pour nous la véritable interprétation d'une convention qui, prise même dans le sens le plus étroit, investissait l'amiral de Lapeyrère, et cela d'indiscutable manière, d'une haute direction des opérations, et par conséquent d'une autorité morale et d'une responsabilité comportant de grands devoirs.

Comment les a-t-il compris?

II

L'ARMÉE NAVALE SE CONCENTRE A BIZERTE

Ses idées, au sujet de la suite des opérations, apparaissent pour la première fois dans son rapport du 7 août, se terminant par cette phrase :

« Mon intention est de faire une concentration sur Bizerte, où les mouvements de l'escadre autrichienne m'obligeront sans doute à concentrer mes forces. »

On peut regretter que ce soit seulement à cette date, et sous une forme aussi vague, que le commandement songe à cette réunion des bâtiments de l'armée navale sur le point qui était devenu, en toute évidence, depuis la déclaration de la neutralité italienne, le nœud stratégique de notre action.

La pensée de la concentration sur Bizerte était, d'ailleurs, celle de l'état-major général. Il n'avait pas reçu le rapport du 7, lorsque, visiblement impatienté de voir que l'amiral de Lapeyrère continuait à accompagner des transports qui n'avaient plus rien à redouter, alors qu'il y avait tout à prévoir ailleurs, il lui télégraphia, le 8, de cesser immédiatement les escortes, de se diriger rapidement sur Bizerte, d'y compléter son combustible, et même, pour aller plus vite, de diviser son armée en deux parties, dont l'une se ravitaillerait à Malte, pour être prête, le plus tôt possible, à s'opposer à toute sortie de l'escadre autrichienne que l'on croyait disposée à suivre le chemin qu'avaient pris les croiseurs allemands. L'impatience est certaine ; on craint de voir l'ennemi profiter de notre éloignement du bassin oriental pour faire un mauvais coup.

L'évasion des bâtiments autrichiens vers la mer Noire était peut-être une conception invraisemblable, et on peut même se demander si, dans le cas où nous eussions été prêts, elle n'était pas plus à souhaiter qu'à craindre ; mais il est tout de même inquiétant de penser que, s'ils avaient eu la tentation de l'essayer, nous n'étions pas en situation de nous y opposer. On est vraiment étonné de constater, ici encore, que c'est du ministère que vient l'initiative. Jamais, jusqu'ici, nous n'avons vu le commandant en chef des forces navales préparer, proposer, ou encore moins accomplir, quoi que ce soit de sa propre initiative.

L'état-major général, toujours prévoyant, va lui envoyer, du 7 au 12, toute une série de télégrammes lui permettant de suivre les intentions de l'Autriche, la situation de ses forces navales et de ses bases et la nature des opérations qu'il pourrait entreprendre à l'occasion. Rien ne leur fait écho et, lorsqu'il est informé que la guerre avec l'Autriche est déclarée par la France et par l'Angleterre, il n'a eu, jusque-là, que nous sachions, aucune communication avec le commandant de la force britannique, dont il a, moralement au moins, la responsabilité d'emploi. Il est manifeste qu'il n'a rien élaboré en vue d'une action que la situation d'un ennemi subitement abandonné par l'allié dont il avait escompté le concours pouvait rendre d'autant plus productive qu'elle eût été menée rapidement et avec énergie.

Quel sujet de méditation, cependant, pour un chef militaire en attente impatiente de l'heure qui va se déclencher, et qu'il peut rendre décisive !

III

L'AFFAIRE DU 16 AOUT

Elle se déclenche, en effet. Le gouvernement, ayant, comme tout le monde, le sentiment de ce qu'elle a de solennel et de ce que l'on peut espérer d'une action vigoureuse immédiate, adresse sans délai l'ordre d'agir sous la forme suivante :

« Guerre déclarée par France et Angleterre à Autriche.

« Le gouvernement, comptant déterminer ainsi décision favorable de l'Italie, *désire formellement* que vous fassiez immédiatement acte d'hostilité contre l'Autriche. En conséquence, appareillez le plus tôt possible avec tous bâtiments disponibles, français et anglais, et, après avoir passé ostensiblement en vue côtes italiennes, faites contre bâtiments ou ports autrichiens toute opération de guerre que vous jugerez possible et dont gouvernement vous laisse complète initiative. Conservez relations les plus cordiales avec l'Italie. Vos bâtiments laissés à Malte vous rallieront au rendez-vous indiqué par vous.

« Accusez réception et tenez-moi au courant de vos mouvements. »

Ce télégramme, expédié de Paris le 13 août à 1 h. 20 du

matin, touche l'amiral de Lapeyrère à Malte, où la concentration de l'armée navale française était achevée depuis la veille.

L'ordre est aussi impérieux que peut l'être l'expression d'une volonté gouvernementale soucieuse, cependant, de ne pas renouveler la faute si souvent commise, au cours de l'histoire, d'imposer l'action quand même et n'importe où. S'adressant au chef qui a sa confiance, le gouvernement considère qu'il suffit de lui marquer la grandeur du but pour lui faire choisir, parmi les actions qu'il n'a pu manquer d'envisager et de prévoir, celle la plus propre à réaliser les espérances que l'on a en lui.

Il en souligne l'opportunité en exprimant *le désir formel* qu'elle soit accomplie, l'urgence en prescrivant d'agir immédiatement, *d'appareiller le plus tôt possible*, et il marque toute l'importance qu'il attache à l'opération en prescrivant *d'y employer tous les bâtiments disponibles français et anglais pour faire contre bâtiments ou ports autrichiens toute opération de guerre jugée possible.*

De l'exécution de ces instructions peut découler, en même temps qu'un affaiblissement décisif de l'adversaire, la coopération prochaine des forces italiennes et toutes ses conséquences. Cela vaut bien quelques risques ; le gouvernement ne l'ignore pas ; il a la vision nette de ce que l'on peut attendre de l'emploi énergique, rapide et bien combiné de tous les éléments de la supériorité maritime des alliés contre un adversaire certainement désemparé par l'isolement dans lequel il se trouve.

Le rapport adressé par le commandant en chef, le 17 août 1914, va dire comment elles furent suivies.

« Monsieur le ministre,

« Conformément aux indications de votre télégramme du 13 août, j'ai décidé de faire exécuter dans la nuit du 15 au 16 août et dans la journée du 16, par toutes les forces disponibles, un raid dans l'Adriatique, ayant pour objet de surprendre les bâtiments autrichiens qui pouvaient tenir le blocus des côtes du Montenegro.

« Les cuirassés de l'armée navale et trois escadrilles de torpilleurs placés sous ma direction devaient suivre, pendant la nuit, la côte italienne à plus de dix milles au large, pour se trouver le lendemain, à 9 heures du matin, à la hauteur d'Antivari, tandis que les croiseurs, sous la direction de l'amiral de Sugny, auxquels étaient adjoints les navires anglais de l'amiral Troubridge, suivraient la côte d'Albanie pour me rejoindre au rendez-vous devant Antivari.

« Pour fixer les détails de cette opération, l'ordre n° 114, du 15 août, dont un exemplaire est ci-joint, fut remis aux chefs de groupes au cours d'une conférence tenue à bord du *Courbet*, au nord de l'île Fano, et à laquelle assistait l'amiral Troubridge.

« A 19 heures, le 15 août, les forces navales anglaises et françaises, concentrées à une dizaine de milles au nord de l'île Fano, appareillaient dans les conditions indiquées par l'ordre précité. Pendant la nuit, aucun incident ne se produisit dans la navigation des deux groupes.

« A 9 heures du matin, le 16 août, le premier groupe, placé sous ma direction, formé en ligne de file dans l'ordre suivant :

« section hors rang,

« 1re escadre de ligne,

« 2e escadre de ligne,

« torpilleurs en avant et sur les flancs, aux postes de protection contre les sous-marins,

« faisait route au N. 20° E., le cap un peu au nord d'Antivari.

« A 8 h. 30, à 15 milles de la côte, les vigies signalèrent droit devant, sous la terre, deux fumées, puis, quelques minutes après, deux autres fumées dans le S. 80° E. En approchant, on reconnaît que les deux premières fumées proviennent de deux torpilleurs qui s'éloignent dans la direction de Cattaro, et que les deux autres sont celles d'un petit croiseur, type *Zenta*, précédé par un torpilleur d'escadre du type *Hussard* (1) ; les deux bâtiments font route à toute vitesse le long de la terre, se dirigeant vers Cattaro.

« La route de l'armée navale est inclinée progressivement, d'abord jusqu'au N. 5° E., puis jusqu'au N. 10° O., de manière à barrer la route aux deux bâtiments.

« Les torpilleurs sont placés à gauche de l'armée, de manière à dégager le champ de tir.

« Arrivés à 14 000 mètres des bâtiments qui se dérobent le long de la terre, on reconnaît qu'ils portent le pavillon autrichien.

« Le signal de branle-bas de combat, qui battait depuis un moment, est amené ; la vitesse est portée à 17 nœuds.

(1) Le *Zenta* est un croiseur léger de 2 550 tonnes, filant 20^{n},5, portant huit canons de 120 ; le *Hussard*, un contre-torpilleur de 350 tonnes, filant 28 nœuds.

On aperçoit, en même temps, à 8 h. 45, l'escadre légère et la division anglaise qui arrivent vers le sud.

« Le torpilleur gagne franchement sur l'avant. On manœuvre, à partir de 9 heures, pour lui couper la route, et à 9 h. 3 le *Courbet* ouvre le feu simultanément sur le torpilleur avec les 14 centimètres et sur le croiseur avec les 30 centimètres. La distance du croiseur est de 12 000 mètres.

« Le croiseur autrichien a ouvert le feu. Les coups de ses pièces de 12 centimètres tombent à 3 ou 400 mètres de la ligne.

« Le *Jurien-de-la-Gravière* et les torpilleurs sont lancés à la poursuite du torpilleur, mais son avance est trop grande, et ils ne parviennent à l'approcher à distance de feu qu'au moment où il réussit à gagner Cattaro.

« Dès 9 heures, le croiseur a été arrêté ; une grande colonne de vapeur et de fumée sort de ses cheminées et de son arrière.

« Les cuirassés ont reçu l'ordre de cesser le feu à 9 h. 20, et à 9 h. 25 toute la ligne vient sur la gauche, par la contre-marche, pour se rapprocher du croiseur autrichien, à bord duquel un incendie fort important semble s'être déclaré.

« On perçoit des explosions successives, comme celles que pourraient produire des mines, et une épaisse colonne de fumée blanche sort depuis le milieu jusqu'à l'arrière du bâtiment. L'arrière s'enfonce progressivement.

« La perte de ce croiseur n'est pas douteuse, et, tous les torpilleurs étant partis à la suite du torpilleur autrichien, je demande à l'amiral Troubridge d'envoyer porter secours au bâtiment en feu; mais, à 9 h. 30, après quelques explosions plus fortes, le croiseur se mâte à 45° environ, l'avant et jusqu'à la moitié du navire hors de l'eau, puis il coule ainsi par l'arrière, sans avoir amené son pavillon.

« Les forces alliées firent alors route vers le canal d'Otrante, et la division anglaise, ayant reçu de son gouvernement l'ordre d'exécuter une nouvelle mission dans les parages des Dardanelles, s'éloigna vers le sud.

« La nécessité d'être sorti de l'Adriatique avant la nuit ne m'a pas permis de pousser plus loin ma reconnaissance, sous peine d'être exposé à des attaques de torpilleurs dans des conditions défavorables, étant donné que nos torpilleurs étaient, pour la plupart, à la limite de leur approvisionnement de combustible.

« D'ailleurs, il eût été tout à fait illusoire de tenter quoi que ce soit contre les batteries blindées de Cattaro, et j'ai voulu ne pas indiquer d'intention à l'égard de cette place avant d'avoir eu les renseignements indispensables, que j'essaie de me procurer.

. . . .

« En résumé, pour me conformer à vos intentions, j'ai, d'un côté, essayé d'entrer en relations avec le Montenegro; j'ai fait devant Antivari une manifestation qui a eu pour résultat de détruire ou de mettre en fuite les forces navales autrichiennes, malheureusement bien modestes, qui bloquaient ce port.

« Le croiseur était, selon toutes probabilités, occupé à mouiller des mines, autant qu'ont pu nous le faire supposer les explosions successives qui se sont produites à son bord, avant qu'il ne disparaisse.

« Dans les coups de canon qui ont été tirés contre les bâtiments autrichiens, plusieurs avaries sérieuses se sont produites dans le matériel d'artillerie, en particulier sur le *Condorcet* et la *Justice*, qui ont eu, le premier, deux pièces de 24 avariées au point de ne plus servir, par suite de la rupture d'une frette de volée ; le deuxième, une pièce de 19 brisée au renfort. Un rapport spécial sera adressé...

« Le moral du personnel est toujours excellent, malgré les fatigues énormes qu'il supporte depuis plus de quinze jours déjà, et si je ne peux pas avoir de base d'opération dans les environs immédiats, il sera indispensable que je retourne à Malte, non seulement pour me ravitailler, mais aussi et surtout pour faire reprendre haleine au personnel et laisser visiter les machines et les chaudières.

« Mon intention est alors de laisser en croisière les six croiseurs et les torpilleurs, qui auront à leur disposition les trois charbonniers et le pétrolier mouillés depuis hier au sud du cap Blanco, c'est-à-dire en pleine mer et dans un endroit d'où ils devront appareiller au premier vent.

« Depuis deux jours que la reconnaissance d'Antivari a été faite, nous attendons en vain l'escadre autrichienne, et notre charbon disparaît. Nos opérations ne pourront être fructueuses que lorsque nous aurons une base solide à l'entrée de l'Adriatique, et, à défaut de Corfou, cette base me semble devoir être Vallona, si, comme je vous l'ai demandé télégraphiquement, je peux en disposer.

Faute de base dans ces conditions, nous fatiguerons personnel et matériel, et nous risquerons d'être surpris dans une situation difficile.

« *Signé* : DE LAPEYRÈRE. »

IV

CRITIQUE DE L'OPÉRATION

On ne peut se défendre, après la lecture de ce rapport, que nous avons tenu à reproduire intégrale-ment, à cause de la gravité des conclusions que nous allons en tirer, de l'impression que les résultats obtenus les 15 et 16 août ne répondaient ni aux buts que faisaient entrevoir les ordres donnés, ni à l'emploi de la totalité des forces navales réunies employées pour les réaliser. On y aperçoit, chez le chef, cette sorte d'état d'âme que nous a déjà révélé la poursuite du *Gœben* et du *Breslau* ; il marche parce que l'injonction est formelle, mais il le fait sans foi, on pourrait presque dire sans désir ; puis, après l'ébauche d'une manœuvre, d'ailleurs mal entreprise, il trouve que c'est assez et se retire.

Entre les divers buts que le commandement pouvait envisager, il était naturel de songer à surprendre ce qu'il pouvait y avoir en mer de bâtiments autrichiens. Il avait reçu, le 10 août, un télégramme l'informant des bonnes intentions du Montenegro, et un autre, le 11, lui disant que des forces navales autrichiennes bloquaient les côtes de ce pays. C'était une indication précise motivant la décision de commencer par aller les surprendre.

Excellente entrée de jeu, par conséquent. Malheureusement, quand on suit les phases de l'exécution, telles qu'elles sont rapportées, on est obligé de constater que l'opération a été menée de telle manière que l'on ne pouvait rien obtenir de sérieux. Pour réussir, il fallait, au moins, essayer de surprendre les forces bloquantes et, surtout, leur barrer la route du seul côté vers lequel elles pouvaient s'enfuir ou se réfugier, c'est-à-dire vers le nord et, en particulier, vers les bouches de Cattaro. Cela ne pouvait être obtenu qu'en fixant le rendez-vous sur les objectifs à l'aube, et non à 9 heures du matin, après cinq heures de jour. Encore fallait-il essayer de les aborder, du moins avec la force principale, en venant de l'ouest et à hauteur des bouches. En se dirigeant sur Antivari au N. 20° E., on permettait à l'ennemi de s'enfuir à la seule vue de nos fumées, c'est-à-dire avec 10 ou 15 milles d'avance, vers un refuge dont il n'était qu'à 25.

La seule manœuvre à faire pour nos escadres de ligne, si elles souhaitaient le combat, était de se trouver vers minuit à 40 milles dans l'O.-S.-O. de Cattaro, de s'en approcher de façon à en être à une dizaine de milles au jour, pendant que les forces auxiliaires, venant, elles, par le sud, les auraient découvertes dans les parages où on les supposait, ceux d'Antivari. Celle qui a été accomplie ne pouvait fournir autre chose que ce qu'elle a donné. Nous ignorons, et nous ignorerons toujours, si les forces bloquant le Montenegro comportaient autre chose que les deux torpilleurs entrevus d'abord, puis le *Hussard* et le *Zenta*, mais il est certain que les mesures prises ne pouvaient aboutir à rien de sérieux. Si le *Zenta* a pu être atteint, parce qu'il était très attardé dans le sud au moment où il a aperçu nos fumées et qu'il ne filait que 20 nœuds au maximum, le reste de ce que nous avons rencontré et tout ce que nous n'avons pas pu voir, si, toutefois, il y avait quelque chose, avait le champ de retraite complètement libre.

L'écrasement de ce petit croiseur de 2 500 tonnes, sans protection sous le feu désordonné, pendant vingt minutes, de toute l'artillerie de l'armée navale qui y a consommé 500 coups de gros calibre, y a perdu deux canons de 24 centimètres et un de 19, alors qu'en cinq minutes un seul de nos croiseurs cuirassés aurait certainement obtenu, avec quelques coups bien réglés, le même résultat, cet écrasement, disons-nous, ne fut, en raison de l'effort accompli, qu'une piètre satisfaction. Ce sera cependant la seule.

L'amiral affirme qu'il n'était pas possible de pousser plus loin son action, parce que la plupart de ses torpilleurs étaient à la limite de leur approvisionnement de combustible. C'est un déplorable prétexte. Ils n'avaient accompli que vingt heures de marche depuis l'île Fano, où, ayant passé presque toute la journée du 15, il était si facile de faire le plein de leurs soutes ; et il est inadmissible que l'on n'ait pas prévu, sur les cuirassés, considérés de tout temps comme les ravitailleurs par excellence des flottilles qui les accompagnent, les suppléments nécessaires pour qu'ils puissent les suivre.

En réalité, la retraite était prévue d'avance ; dans un ordre distribué le 15, l'amiral de Lapeyrère avait prévenu les commandants « que son intention était que tous les bâtiments aient quitté l'Adriatique le 16 août avant la nuit, pour rallier la zone située au sud de l'île Fano et à l'ouest de Corfou, dans laquelle il fixait les rendez-vous des diverses fractions de ses forces ».

N'y avait-il donc rien de mieux à prévoir ou à faire? Bien que d'une importance secondaire, l'action du 16 août avait prouvé, puisque l'ennemi n'avait rien osé tenter pour protéger les navires qui s'étaient aventurés à l'extérieur, qu'il se considérait comme incapable de sortir de ses refuges pour nous attaquer. C'était la reconnaissance d'une maîtrise incontestable, que nous pouvions et que nous devions affirmer en faisant dans l'Adriatique une promenade quasi triomphale et, peut-être, quelque chose de plus.

Raguse n'est qu'à 28 milles de Cattaro et les fonds sont assez grands pour que l'on n'ait rien à y craindre des mines ; on pouvait au moins défiler devant, y faire acte de guerre en bombardant la gare, qui était, à ce moment, un centre important d'activité militaire. Rien n'empêchait d'aller jusqu'à Lissa. Était-il donc impossible de faire une reconnaissance offensive sur Pola? d'aller jusque devant Trieste exciter les sympathies italiennes, puis de redescendre en vue des côtes du pays si facile à émouvoir, en un pareil moment, et dont on espérait faire l'allié du lendemain ? N'avait-on pas aussi le devoir, avant de quitter l'Adriatique, d'envoyer

au moins un croiseur saluer, à Antivari, le pavillon du roi
qui, dès la première heure et sans hésitation, nous avait
offert son port comme base d'opérations? Les démonstrations de ce genre sont une des meilleures formes d'utilisation de la puissance maritime, en guerre comme en
paix. Notre gouvernement le savait, et c'eût été certainement répondre à la pensée qu'il exprimait dans le télégramme où il escomptait l'influence qu'aurait pu
exercer sur les intentions de l'Italie une manifestation
sérieuse.

La manière hâtive, et comme fatiguée après un si
minime effort, avec laquelle nos escadres se retirèrent dès
qu'elles eurent coulé le *Zenta*, est juste le contraire, et
l'effet n'en est certainement pas atténué par la détermination passive prise par le commandant en chef d'attendre dans le canal d'Otrante, pendant les deux jours
qui ont suivi l'affaire d'Antivari, l'escadre autrichienne.
Il l'a fait « *en vain* », dit-il dans son rapport, comme s'il
avait pu croire sérieusement que l'amiral autrichien,
avec ses forces encore inorganisées et très inférieures,
aurait pu venir affronter le combat contre une
armée navale comme la nôtre.

Cet « *en vain* » est le pendant de l'impression que le
commandant en chef avait traduite dans son rapport du
7 août, lorsque, après avoir constaté que le *Gœben* et le
Breslau n'étaient pas tombés dans le piège un peu gros
qu'il avait tendu, d'ailleurs trop tard, à Alger, il exprimait son étonnement en disant: « *l'ennemi ne parut pas* ».
De même que, sans plus s'inquiéter, ce jour-là, des croiseurs qu'il devait rechercher, il s'était mis à faire des

escortes défendues, après avoir attendu l'escadre autrichienne « *en vain* », il ramène son armée à Malte pour la ravitailler, faire reprendre haleine au personnel et permettre de visiter le matériel. C'est peut-être utile, mais on est en droit de regretter que tant de consommation de combustible, tant d'avaries et de fatigues accumulées en si peu de temps, n'aient été compensées par aucun résultat.

La campagne est, vraiment, bien mal commencée. Si nous n'en avons encore rien tiré de positif, nous avons déjà le *Mirabeau* en réparation pour plusieurs semaines ; également la *Démocratie*, qui a été abordée par la *Justice*, le *Fantassin* par le *Cavalier* ; le *Danton* s'est échoué à Malte, et nous ne sommes qu'au quinzième jour de la guerre ! Nous restons sur la constatation négative qui termine le rapport du commandant en chef, que, faute de base solide établie à l'entrée de l'Adriatique, nous ne ferons que fatiguer personnel et matériel, avec tous les risques d'être surpris dans une situation difficile. Question grave, en effet, sur laquelle nous reviendrons lorsque nous étudierons ce qui a été fait pour la résoudre ; mais, avant de suivre l'armée navale dans ses divers mouvements, nous devons nous arrêter un instant sur un incident qui, bien que d'apparence secondaire, devait jeter dans la direction des opérations en Méditerranée un trouble profond.

V

ATTEINTE GRAVE A LA CONVENTION DU 6 AOUT

Le commandant en chef en rend compte, le 17 août, en ces termes :

« Je dois vous informer qu'hier le contre-amiral Troubridge a reçu l'ordre de son gouvernement de se rendre aux Dardanelles, avec *Defence* et *Warrior* et ses douze torpilleurs, ne laissant à ma disposition que deux croiseurs légers, *Weymouth* et *Dublin*, actuellement à Malte.

« Je ne connais pas la destination que l'Amirauté veut donner à ses croiseurs de bataille. Vous voyez donc, monsieur le ministre, qu'à part l'utilisation de Malte comme base d'opérations, la flotte anglaise ne pourra nous prêter un bien réel concours. J'ai tenu à vous en informer, en appelant votre attention sur cette phrase des conventions passées entre l'Amirauté et l'état-major : *Après la destruction du « Gœben », les Français seront responsables de toute la Méditerranée, et, par un blocus rigoureux de l'Adriatique, ils devront être à même de faire de la Méditerranée un lac franco-anglais, et assurer ainsi un passage certain aux transports et au commerce franco-anglais.* »

C'est la constatation, sous forme incidente, d'un fait d'importance capitale auquel le gouvernement français ne paraît pas avoir prêté l'attention qu'il méritait. Il bouleversait d'un geste la base essentielle d'une coopération et d'une entente jugées d'abord indispensables pour donner à la coalition des forces navales alliées dans la Méditerranée le meilleur rendement. Alors que, le 13 août, le ministre de la marine, s'appuyant sur l'accord du 6, pouvait donner à notre commandant en chef l'ordre d'agir dans l'Adriatique avec tous les bâtiments disponibles, français et anglais, et qu'il l'avait fait, le 16 l'Amirauté britannique donnait directement des ordres privant de la collaboration de ses navires le chef préalablement agréé par les deux gouvernements, et devant eux responsable de la direction générale des opérations.

Que l'Amirauté ait pensé que l'amiral Milne n'avait pas assez de ses trois croiseurs de bataille pour bloquer les deux navires allemands dans les Dardanelles, qu'elle ait vu dans les événements qui venaient de se produire le début d'une action importante pouvant changer l'axe des opérations des alliés, Français, Anglais et Russes, dans la Méditerranée, cela faisait honneur à sa clairvoyance, mais nous ne pouvons que regretter qu'il n'y ait rien eu d'analogue de notre côté. Il se créait là une situation nouvelle qui n'avait certainement pas été entrevue d'une manière explicite au moment des premiers accords, qui pouvait en provoquer la revision, mais qui n'autorisait pas à les rompre, surtout au moment où l'entrée en ligne de la Turquie imposait des devoirs particuliers de vigilance et d'union à la Triple Entente.

Nous reviendrons sur ce sujet lorsque nous étudierons les faits qui se sont déroulés ultérieurement dans le Levant, mais nous devions y faire allusion ici pour fixer le point où la coopération des forces navales alliées, sous la haute direction de l'amiral de Lapeyrère, a cessé. L'événement s'est passé le 16 août, et nous assisterons désormais à deux actions complètement séparées, l'une anglaise, qui prendra chaque jour un caractère plus offensif du côté des Dardanelles, pendant que l'autre se déroulera sans but et sans profit dans l'Adriatique, sous la conduite d'un chef qui continuera à n'en apercevoir que les difficultés, sans jamais tenter de les résoudre.

VI

A LA RECHERCHE D'UNE BASE EN ADRIATIQUE

La principale, celle qu'il ne cessera jamais d'invoquer pour ne pas agir contre la flotte autrichienne ou ses points d'appui, et nous la reconnaissons sérieuse, est qu'il n'a pas dans l'Adriatique de base d'opérations et que la seule dont il puisse disposer, Malte, est à 300 milles de l'entrée de cette mer. C'est vrai, mais le grand arsenal anglais n'en est pas moins un excellent point de départ pour essayer de préparer une base dans l'Adriatique. On a parlé des îles dalmates. Était-ce impossible? On a parlé aussi de Cattaro, en se retranchant, pour ne rien tenter, derrière les apparences redoutables de son front de mer. Mais il est permis d'invoquer contre cette place l'inconvénient d'être dominée par le mont Lovcen, d'où l'on peut battre toute sa rade.

Pour se rendre compte du danger que cela peut lui

faire courir, il suffit de se demander ce que serait Toulon si, au lieu de se trouver à 300 kilomètres de notre frontière du sud-est, les montagnes qui le dominent se trouvaient en possession de l'ennemi.

Pour se servir du Lovcen, il n'y avait rien à conquérir. Il est en Montenegro, ce pays nous appelait, et notre supériorité maritime nous permettait d'y débarquer tout ce qu'on aurait jugé nécessaire. La Serbie nous y tendait la main, et nous n'avions pas, en conséquence, à envoyer un corps expéditionnaire spécial important, qu'on aurait hésité à prélever sur nos propres contingents. La prise de la base autrichienne était donc possible. Or, à la guerre, tout ce qui est possible doit être entrevu avec la volonté d'entreprendre qui, lorsqu'elle est réelle, ne doit pas s'arrêter aux menues difficultés de détail. La dernière guerre nous a prouvé, après tant d'autres, que la nécessité reconnue de l'action enfante des prodiges qui dépassent souvent les conceptions ordinaires de la froide préparation, et que de la confiance raisonnée peut naître l'inattendu qui bouleverse toutes choses et contraint le succès. Tandis qu'en n'accumulant que des objections, même sages en apparence, on va à la défaite.

L'exemple, si souvent cité, de l'amiral Teghetoff coulant, à Lissa, avec les vaisseaux en bois de la flotte autrichienne, les cuirassés italiens de l'amiral Persano, qui n'avait pas cessé d'hésiter en supputant les infériorités de sa préparation, est là pour souligner les dangers de l'incertitude du chef militaire et le prix de l'audace réfléchie.

A Cattaro, tout semblait préparé par la nature des lieux pour autoriser la recherche d'un succès qui, en dehors de son énorme retentissement dans les Balkans et en Italie, nous aurait permis de prendre l'Autriche-Hongrie à revers, avec toutes les conséquences pouvant s'ensuivre. Cela valait peut-être la peine d'être au moins considéré.

Le commandant en chef ne paraît pas y avoir songé un instant. Quand il parle de Cattaro, c'est pour énumérer les difficultés que l'on rencontrait de ce côté, et pour démontrer l'impossibilité de les résoudre.

Nous trouvons une première trace de sa pensée à ce sujet dans son rapport du 17 août, écrit à la suite de l'affaire du *Zenta*, dans lequel il dit « qu'il eût été tout à fait illusoire de tenter quoi que ce fût contre les batteries blindées de Cattaro ». Il semble cependant ne pas abandonner toute visée de ce côté, puisqu'il annonce son intention de se renseigner, et que, dans cette intention, « il a fait prendre par un torpilleur un indigène de Dulcigno qu'il a embarqué sur le *Courbet* ». Mais il est tout de même difficile de prêter de sérieuses intentions à un chef militaire qui ne compte, pour se renseigner sur une aussi grave affaire, que sur un indigène, alors qu'il a dans ses archives tous les moyens de fixer ses projets et qu'il a sous la main, en vue du règlement des détails d'exécution, toutes les autorités monténégrines, y compris le roi, ne demandant qu'à l'instruire et ne cessant jamais de le pousser à l'action. Il n'avait pas besoin d'inventer une pareille histoire pour démontrer que la prise de Cattaro ne pouvait être réalisée par l'attaque de ses forts extérieurs, fussent-ils moins puissants qu'il ne le supposait. Sur ce point, tout le monde était et reste d'accord.

Il revient sur le même sujet dans un rapport du 28 août, mais, cette fois, il est nettement négatif. Il a vu un officier d'artillerie de la marine royale anglaise, avec lequel il a causé longuement d'une action sur Cattaro combinée avec le Montenegro. Cet officier ne croit pas à son efficacité, à cause de l'éloignement du mont Lovcen et de la puissance des batteries de côte qui défendent le port. Il assure très bien connaître l'organisation autrichienne et affirme l'inanité qu'il y aurait à se présenter devant Cattaro. L'amiral en conclut « qu'il ne peut y avoir d'action utile que contre les navires ennemis qui viendraient devant le Montenegro ».

C'était peut-être accepter trop facilement le point de vue d'une personnalité sans mandat défini, et qui avait inspiré, nous l'avons su, quelques doutes à l'autorité monténégrine ; mais encore aurait-il fallu en retenir que, si tout n'était pas possible avec le Lovcen, on pouvait, du moins, de ce côté, gêner suffisamment les bâtiments autrichiens pour les pousser à sortir de leur refuge, comme le souhaitait le commandant en chef. Mais, là encore, ce n'était qu'une raison de l'inaction dans laquelle il était décidé à rester.

La phrase que nous venons de citer consacre l'enterrement définitif de toute pensée offensive dans l'Adriatique. A partir de ce moment, nous ne trouverons plus dans les rapports de l'armée navale que la narration de mouvements toujours disproportionnés, par les effectifs

employés, avec leur objet, qui n'est autre, au fond, que
de calmer par des opérations apparentes les impatiences
d'une opinion de plus en plus surprise de l'inaction de
notre marine.

VII

LES RANDONNÉES INUTILES
DE L'ARMÉE NAVALE

Pour ne parler que des plus importantes, nous signale-
rons une large manifestation qui a eu lieu, le 1er septembre, contre les bouches de Cattaro, motivée, d'après
le rapport qui en rend compte, par la nécessité d'assurer la tranquillité de l'Adriatique pendant qu'un
petit transport, le *Llamone*, débarquera à Antivari un
matériel de télégraphie sans fil. Une vraie manifestation
de guerre, avec plan et coups de canon ! Toute l'armée
navale est mise en mouvement ; les bâtiments de ligne
sont placés sur deux lignes, en deux escadres qui longent
la côte à 10 milles de distance, le cap au nord-ouest. Ils
viennent en ligne de front, tous à la fois, à hauteur de la
zone choisie, puis, par un mouvement inverse, en ligne
de file à la distance choisie, 13000 mètres. Ils font un
bombardement limité à dix coups par pièce sur les deux
forts extérieurs d'Ostro et de l'île Rondoni, qui ne répon-
dent pas. Le cap est alors mis à l'ouest, jusqu'à hors de
vue, et l'armée navale redescend l'Adriatique.

Pendant ce temps-là, le matériel de télégraphie est

débarqué, — il aurait pu l'être, certainement, à moins de frais, — mais le rapport du 3 septembre constate en outre de nombreuses avaries sur les torpilleurs qui accompagnaient l'armée navale.

Le 8 septembre, mouvement analogue de toutes nos forces, pour protéger un bâtiment conduisant à Durazzo le prince Danilo et sa fàmille. L'affaire se poursuit cette fois sans coups de canon ; « avaries toujours plus nombreuses sur les torpilleurs » est la seule chose signalée.

Le 18 encore, un autre, prenant, par son développement dans l'espace, l'allure d'une grande reconnaissance offensive poussée du canal d'Otrante jusqu'à Lissa. Il s'agit, cette fois, de débarquer à Antivari un détachement de marins commandés par le capitaine de frégate Grellier, et quelques canons amenés par le *Frayssinet* et destinés à agir du mont Lovcen sur Cattaro. Le transport est directement accompagné par le cuirassé la *Démocratie*, la 1re escadre légère et quelques torpilleurs ; deux sous-marins, l'*Ampère* et le *Cugnot*, se tiennent dans les environs des bouches de Cattaro, prêts à torpiller les bâtiments ennemis qui tenteraient d'en sortir, et le reste de l'armée navale exécute sa randonnée vers le nord (1).

La reconnaissance ainsi que le débarquement se poursuivent sans incident, et sans rencontrer personne, comme à l'ordinaire, et le rapport du 25, qui en rend compte, serait sans intérêt s'il ne contenait pas une appréciation

(1) Nous reparlerons de cette mission et de sa composition au moment où elle redescendra du mont Lovcen.

de plus sur les opérations à entreprendre contre Cattaro,
pour en démontrer les difficultés, et une plainte au sujet
d'un ordre, que le commandant en chef vient de recevoir
du ministre, d'envoyer aux Dardanelles, à la disposition
de l'amiral anglais, deux cuirassés du type *Démocratie*.
C'est l'élargissement de la brèche déjà faite dans la
convention du 6 août, avec cette circonstance aggravante
que c'est le commencement de la désorganisation de notre
propre commandement. L'amiral de Lapeyrère se contente « de trouver la mesure inopportune, parce qu'il
peut avoir à chaque instant devant lui toute l'escadre
autrichienne, avec des bâtiments nombreux en avarie
de son côté ». Et cependant, ici, la forme dépasse vraiment le fond. Que l'on emprunte à notre armée navale une
partie des forces qu'elle emploie si mal, surtout si l'on
juge qu'elles sont utiles ailleurs, soit ! Mais il aurait été
d'autant mieux d'y mettre la manière que c'était une
excellente occasion d'essayer d'éclairer le « haut directeur des opérations en Méditerranée » sur les nécessités
de l'heure.

Était-il donc si difficile de lui montrer la part de responsabilité qu'il avait dans les charges et les fatigues de
son armée navale, indéfiniment employée en masse,
en des raids sans objet pratique, alors qu'avec de la
méthode et un emploi judicieux de ses bâtiments,
il pouvait obtenir le même résultat tout en ménageant
ses forces en vue de buts de guerre? C'était, ou jamais, le
moment d'une explication ferme et loyale dans laquelle
le ministre de la marine aurait pu exposer sinon ses vues,
au moins celles de son état-major général, qui suivait

avec tristesse les conséquences de l'inertie du commandant en chef. Mais nous savons, par M. Augagneur lui-
même, ce que devenaient les suggestions de l'amiral
Pivet, et c'est pour cela qu'au lieu d'avis techniques qui
auraient pu l'éclairer et peut-être le convaincre à la
longue, l'amiral de Lapeyrère, livré à lui-même, fut un
jour atteint par le contre-coup des mesures prises par nos
alliés, qui n'avaient pas à se préoccuper de questions de
personnes.

VIII

LES PLAINTES DU ROI DE MONTENEGRO

Il est certain que, pour le gouvernement britannique,
le chef qui, en ne répondant pas aux offres de coopération de l'amiral Milne et qui avait une si grande part
de responsabilité, de ce fait, dans l'évasion du *Gœben* et
du *Breslau*, ne comptait plus, mais c'est, à son tour, un
autre allié, le roi de Montenegro, qui, bien placé pour
juger de la stérilité de notre œuvre dans l'Adriatique, et
puisant dans le dévouement qu'il nous a montré dès le
début le droit de dire toute la vérité, se plaint au ministre de France à Cettigné de façon tellement amère que
celui-ci croit devoir adresser à notre ministre des affaires
étrangères le télégramme suivant, qui est transmis intégralement à l'amiral de Lapeyrère le 5 octobre :

« Le roi m'a entretenu, ce matin, de la situation dans
la mer Adriatique, et il ne m'a pas dissimulé l'impres-

sion défavorable produite sur opinion publique, ainsi que les représentants des puissances neutres à Cettigné, par le manque d'efficacité de notre action maritime, en ce qui concerne les côtes du Montenegro et de Dalmatie. Le port d'Antivari reste pratiquement bloqué, les navires de commerce osent à peine se risquer à Saint-Jean-de-Medua ; deux croiseurs autrichiens ont pu, récemment, entrer dans les bouches de Cattaro, augmentant ainsi, au moment même où nous allions attaquer par terre, le nombre des navires de guerre qui apportent à la défense des forts l'appoint de leurs canons de gros calibre. Enfin, la gare de Gravosa (Raguse), que l'on pourrait aisément bombarder de la mer, est toujours intacte et facilite le transport des troupes pour la Bosnie-Herzégovine. J'ai dit au roi Nicolas que je ne manquerais pas de rendre compte de cette conversation à Votre Excellence. Je crois devoir ajouter personnellement que je partage l'impression dont Sa Majesté s'est fait l'écho, et que Votre Excellence retrouvera dans mes télégrammes III, 131 et 159, des 25 août, 17 et 21 septembre. »

Le 6 octobre, le commandant en chef répondait :

« Si je ne me rendais pas compte que la *sécurité* (sic) (1) du jugement du fonctionnaire qui les a écrites n'a d'égale que son incompétence en matière d'opérations navales, je serais certainement très ému de l'opinion qu'il a de l'inertie de l'armée navale et, plus particulièrement sans doute, de son commandant en chef.

« Je serais, en revanche, profondément peiné si le

—————

(1) Il faut sans doute lire « sévérité ».

gouvernement et, surtout, si le ministre de la marine s'associait à une semblable façon de voir. Aussi, je tiens beaucoup, bien qu'ayant déjà traité le sujet dans mon dernier rapport du 26 septembre, à vous expliquer en détail, et aussi nettement que possible, la situation telle que je la vois et, autant que possible, telle qu'elle est.

« ...(Considérations déjà développées dans la lettre du 24 septembre.)

« En résumé, monsieur le ministre, je proteste de toute mon énergie contre les informations qui vous viennent du ministre de France à Cettigné, et si, comme je l'espère, je continue à posséder la confiance du gouvernement et la vôtre en particulier, je vous demande de plaider ma cause, qui est, croyez-le bien, celle de la vérité.

« Le Montenegro, lui, ne voit et ne peut voir qu'un côté de la question ; je souhaite surtout qu'il ne nous réserve pas de fâcheuses surprises. Quant à moi, je ne dois pas oublier que le but principal qui m'est assigné est d'assurer la liberté de la Méditerranée ; je crois être arrivé jusqu'ici à ce résultat, mais c'est grâce à la présence permanente d'une croisière dans le canal d'Otrante.

« Je le répète, monsieur le ministre, je ferai tout ce qui sera en mon pouvoir, *puisque vous le désirez*, pour assurer les communications avec Antivari, quelles que soient les difficultés rencontrées, surtout à la mauvaise saison, mais je serais bien désireux que mes efforts soient appréciés plus favorablement que ne l'a fait M. Delaroche-Vernet, et que le ministre des affaires étrangères ait la connaissance de la situation telle que je la signale. »

Bien que vive, la protestation est trop vague pour

effacer l'impression que nous a donnée jusqu'ici l'étude de l'action effective de l'armée navale, et qui se rencontre si nettement avec celle exprimée non pas seulement par un fonctionnaire dont l'autorité doit être considérée comme sans valeur, suivant ce que dit son contradicteur, mais par un ministre plénipotentiaire parlant au nom du roi de Montenegro, invoquant à la fois l'opinion publique de ce pays et celle des représentants des nations neutres à Cettigné. Il ne suffit pas que le commandant en chef, prenant l'accessoire pour le principal, se pare du résultat obtenu en ce qui concerne la sécurité des transports en Méditerranée, que rien ne menace jusqu'alors, pour nous faire perdre de vue les objectifs vraiment militaires de la marine, qui ne se mesurent pas au nombre d'heures de chauffe de ses navires, mais au parti que l'on en a tiré.

Agir et s'agiter sont deux modes voisins du mouvement, qui, pour se traduire par les mêmes apparences et les mêmes fatigues, n'en conduisent pas moins à des résultats différents, jusqu'à pouvoir être qualifiés d'inverses. C'est avec tristesse, et peut-être même avec un sentiment plus sévère, que nous sommes obligés de constater que, dans les marches et contre-marches exécutées jusqu'ici, il n'en fut pas une qui ait été entreprise, nous ne dirons pas seulement avec la volonté, mais avec l'intention d'obtenir un résultat. Chez le commandant en chef, qui avait en mains l'instrument le plus capable, peut-être, d'exercer sur les événements balkaniques la plus grande influence, on ne sent que des résistances, des objections négatives ; quand il marche, c'est par ordre, il ne le fait qu'avec mollesse, ne continue pas et n'obtient rien. Tel est le bilan de l'action d'une force navale cependant puissante, qui aurait certainement pu en fournir un autre, si elle avait été conduite dès les premiers jours avec énergie.

IX

LES MISSIONS DE M. SCARFOGLIO ET DE L'AMIRAL DE BON

Le gouvernement ne pouvait cependant pas se désintéresser indéfiniment des mouvements d'opinion qui s'étaient révélés spontanément dans les milieux parlementaires, diplomatiques et surtout maritimes, en présence de la nullité des résultats acquis. La transmission un peu rude et sans commentaires à l'amiral de Lapeyrère des doléances du gouvernement monténégrin n'était pas un témoignage absolu de confiance de la part du nôtre. L'accréditement, presque immédiatement après, d'une personnalité italienne, M. Scarfoglio, directeur d'un grand journal de Naples, chargé de suggérer au commandant en chef quelques idées au sujet de certaines opérations, et, peu après, l'envoi d'une mission d'études confiée au contre-amiral de Bon, témoignaient certainement, de la part du ministre de la marine, un désir qu'il soit tenté quelque chose.

L'amiral de Lapeyrère rend compte, dans un rapport du 18 octobre, de l'entrevue qui a eu lieu, non pas avec

M. Scarfoglio, qui n'avait pu venir au jour fixé; mais avec son représentant, M. Cirio. Il spécifie qu'il l'a admis à sa table et reçu dans ses appartements, à cause de la recommandation dont il était l'objet, mais qu'il n'avait eu, de sa part, que des renseignements très vagues, en dehors des possibilités d'une opération à faire sur Trieste, où l'apparition de ses bâtiments produirait certainement un effet utile. A ce sujet, l'amiral déclare qu'il a déjà étudié la question, qu'il a même un projet tout prêt à être exécuté, qu'il le poursuivrait volontiers, même au prix de lourds sacrifices, si notre présence devant Trieste devait amener la sortie de l'escadre autrichienne ; mais que, si ce résultat n'est pas atteint, on est en droit de se demander si, vraiment, l'effet serait en rapport avec les risques courus par nos grosses unités, à cause du danger de rencontrer des mines. La conversation n'eut pas d'autre suite, mais il n'est pas sans intérêt de faire remarquer qu'au moment où elle avait lieu, l'amiral était en possession d'un télégramme du 30 septembre, l'informant que « *Raguse et Spolata n'étaient pas minés, et que l'on croyait que les mines mouillées à Trieste avaient été enlevées* ».

Cette indication était de nature à l'inciter au moins à aller y regarder.

La mission de l'amiral de Bon ne devait pas donner davantage.

Dans une réunion de la Commission de la marine, le ministre a déclaré que cet officier général, qui avait été envoyé sur place pour étudier la situation, « avait couvert le passé et déclaré qu'il n'y avait rien de mieux à faire que ce qui avait été accompli ». Le caractère de l'amiral de Bon permet d'affirmer qu'il n'aurait jamais accepté de juger les actes de son supérieur ; mais nous trouvons dans le rapport du 18 octobre, dans lequel l'amiral de Lapeyrère rend compte de ses conversations avec l'envoyé du ministre, « *qu'il avait étudié avec lui un plan d'attaque de Cattaro par Raguse, que ce serait la solution de la base nécessaire, et qu'il se ralliait au projet, sous la seule réserve des difficultés que pourrait faire naître l'insuffisance des munitions* ». Bien qu'il résolût la question par la négative, pour une raison d'ordre secondaire, tout en ayant l'air de s'y rallier, l'acquiescement relatif du commandant en chef confirme l'opinion que nous avons développée au sujet des efforts à tenter par terre pour établir à Cattaro notre base d'opérations dans l'Adriatique.

Malheureusement, le projet se présentait trop tard. Il ne pouvait avoir d'autorité que s'il était sorti à temps, et tout armé, du cerveau qui devait l'exécuter. Mal né et tard venu, il fut enfoui sans bruit, et ce fut, en même temps, l'enfouissement d'autant plus définitif de tout projet de ce genre, qu'il se dessinait déjà quelque chose du côté des Dardanelles, où l'on appelait nos cuirassés, et que la mission Grellier était en train de prouver par l'absurde qu'il n'y avait aucune espérance à baser sur une attaque par le mont Lovcen. Son envoi n'avait été, en réalité, qu'une vague satisfaction donnée aux vues du petit royaume, qui, bien placé pour concevoir le parti que l'on pouvait tirer d'un point stratégique aussi important, n'en avait malheureusement pas les moyens.

Quelques canons de 12 et de 15 centimètres d'ancien modèle, tirant des obus à faible capacité d'explosifs, chargés en poudre noire, ne pouvaient atteindre que les premiers abords du sud de la rade de Cattaro, armés eux-mêmes de pièces importantes et soutenues, à l'occasion, par l'artillerie de bâtiments importants.

Le commandant Grellier et ses hommes pourront développer jusqu'à l'extrême les vertus héroïques qui sont de tradition dans la marine ; ils auront beau faire le tour de force d'aller, comme ils l'ont dit, « *en louvoyant sur les contreforts de la montagne* », jusqu'à établir à des hauteurs de 1400 mètres les misérables pièces qu'on leur a confiées, y rester accrochés, en accomplissant des prodiges, pendant deux mois, et ne céder que devant le tir de cuirassés auxquels on n'avait pas su fermer l'entrée des bouches de Cattaro, ils n'auront démontré que l'inanité des moyens mis à leur disposition. Mais rien ne permettait de conclure, comme l'a fait l'amiral de Lapeyrère, rendant compte de leur retour dans les premiers jours de décembre, que l'échec de leur entreprise « *était la preuve que la prise de Cattaro était bien l'une des plus graves opérations qu'on puisse entrevoir* ».

Déduire de ce que l'on n'a pu maîtriser une place avec des moyens insuffisants jusqu'au ridicule, pour affirmer qu'il n'y avait rien à faire, c'est dépasser la mesure. Les marins du commandant Grellier ont, au contraire, montré ce que l'on aurait pu faire du mont Lovcen si on avait su ou voulu y concentrer les moyens appropriés. Là comme partout, comme toujours, c'est la hantise de difficultés plus ou moins définies qui obsède l'esprit du commandant en chef. Il les oppose sans cesse aux buts supérieurs de l'action réelle et, en particulier, à toute diversion offensive qui, nous ne saurions trop le redire, aurait dû dominer la pensée de celui qui avait en mains l'instrument le plus capable de peser sur les destinées de la guerre. L'entrée des croiseurs allemands dans les Dardanelles semblait nous offrir une occasion de mieux utiliser que dans l'Adriatique la supériorité de notre puissance maritime, et d'y obtenir, par une action prompte et bien combinée, des résultats particulièrement importants. Cette pensée ne semble même pas être apparue au commandant en chef, ou, s'il l'a eue, son éternelle préoccupation du moindre risque, qui n'est, au fond, que l'excuse du moindre effort en une matière, la guerre, où l'on ne peut cependant espérer des résultats que de l'effort suprême, cette préoccupation des moindres risques, disons-nous, lui fit trouver tout irréalisable.

La situation qu'occupait le commandant en chef n'était cependant pas de celles où l'on se couvre en attendant les inspirations des autres, fussent celles du gouvernement. Le maître de l'instrument de guerre est celui qui doit montrer ce que l'on peut en tirer ; c'est l'inspirateur-né de l'action dont le gouvernement reste, bien entendu, le maître, lorsqu'il s'agit de déclencher l'exécution, mais dont le chef militaire a le devoir de rechercher et de démontrer les possibilités.

En ne s'inspirant que du système négatif du moindre risque, du moindre effort et de la flotte intacte, qui devait rester fatalement sans résultat ; en se refusant à entrevoir que la meilleure voie vers Berlin passait peut-être

par Vienne ou quelque autre capitale des États balkaniques ; en n'utilisant pas comme il convenait, et comme
on le pouvait, la puissance de diversion qui est comme la
raison d'être de la force maritime, l'amiral de Lapeyrère
nous a certainement fait perdre l'occasion de donner à
notre pays la juste rémunération des sacrifices qu'il
avait consentis pour sa marine, et celle-ci le lui par-
donnera d'autant moins qu'elle savait mieux ce dont elle
était capable et qu'elle avait conscience de ce qu'on
aurait pu lui faire accomplir.

X

L'ARMÉE NAVALE PREND UNE ATTITUDE COMPLÈTEMENT PASSIVE

L'action offensive de l'armée navale s'achève dans le
néant. Elle restera jusqu'au bout dans l'attitude
passive où elle continuera à s'user sans profit, sans gloire,
mais non sans risques, à cause de l'apparition de quelques
sous-marins venus d'Allemagne, auxquels ne manque-
ront pas toujours les occasions faciles.

Elle n'aura plus que deux objectifs : le ravitaillement
du Montenegro et le blocus éloigné de la flotte autrichienne.

Le ravitaillement par Antivari est la grosse préoccupation du commandant en chef. Il ne cesse de se plaindre
des charges que cela lui impose, mais il ne semble pas
que le souci qu'il en a lui inspire de meilleures méthodes,

ne serait-ce que celle d'organiser des convois plus importants, mais plus éloignés, permettant de réduire au strict
minimum le nombre des déplacements de toute l'escadre,
jugés indispensables à chaque fois.

L'escadre autrichienne est bien une menace, et il faut
y parer ; mais est-elle vraiment si tendue qu'il soit nécessaire, pour la surveiller, de tenir perpétuellement toute
l'armée navale en haleine? Certainement non.

Même en prêtant au successeur de l'amiral Teghetoff
toute l'audace de son grand ancêtre, il faut encore
considérer les moyens et les buts d'une semblable entreprise. L'amiral de Lapeyrère, qui n'a jamais cessé de se
plaindre des difficultés que lui causait l'éloignement de
l'Adriatique de ses bases d'opérations, et de l'invoquer
comme une cause de son inaction, n'a-t-il pas songé
qu'une fois dehors l'escadre autrichienne n'en aurait
plus du tout, et qu'il fallait, pour elle, y regarder à deux
fois avant de tenter une pareille aventure, sans objectif
réalisable, et que nous ne pouvions considérer que
comme un coup de désespoir, d'ailleurs désirable.

Qu'il fallût la prévenir quand même, ce n'est pas douteux ; mais les facultés que nous donnaient les hauteurs
du Montenegro pour savoir ce qui se passait à Cattaro,
un service de renseignements bien organisé qui eût coûté
beaucoup moins cher et eût été beaucoup plus effectif que
tant de croisières inutiles, l'emploi judicieux de flottilles
appuyées sur les bases naturelles de ravitaillement
que sont les escadres légères, et enfin la télégraphie sans
fil, qu'il ne faut cependant pas oublier, tout cela ne
formait-il pas un ensemble, et des meilleurs, pour être pré-

venu contre toute surprise ? Quand on sait l'usage que les Allemands ont fait de leurs sous-marins, torpilleurs ou porteurs de mines, en créant par les plus audacieux artifices les moyens d'en étendre l'action à des distances jusqu'alors inconçues, on est en droit de regretter qu'avec tous ceux dont nous disposions nous n'ayons jamais entrevu la surveillance des espaces relativement restreints de l'Adriatique, et l'action que nous pouvions y exercer, que sous la forme lourde de la présence réelle de tous nos bâtiments de haut bord, en les exposant sans but et sans avoir sérieusement l'illusion de provoquer une action quelconque, à toutes les surprises que devait amener la périodicité de leur apparition dans des conditions dont l'ennemi ne pouvait manquer d'apercevoir la faiblesse.

C'est, en résumé, l'histoire de la période de six mois s'étendant du 18 septembre 1914, date de la dernière opération dont nous avons rendu compte, jusqu'au milieu de mai 1915, où l'entrée en guerre de l'Italie amènera les accords qui nous dégageront de la surveillance de l'Adriatique.

XI

LE TORPILLAGE DU *JEAN-BART*

Les voyages périodiques, et toujours annoncés, du transport de ravitaillement du Montenegro et de sa majestueuse escorte ne pouvaient échapper à l'attention d'un adversaire aussi bien renseigné sur nos mouvements que nous l'étions mal sur les siens, et qui ne pouvait manquer de tirer parti de la faute indéfiniment répétée de se présenter à intervalles réguliers au même point, dans le même ordre, et sans prendre les précautions d'usage. C'est pourquoi le 21 décembre 1914, à 8 h. 30 du matin, un sous-marin se trouva juste par le travers du *Jean-Bart*, où battait, ce jour-là, le pavillon du commandant en chef, pour le torpiller.

Le rapport du 24 décembre, qui rend compte de l'événement en termes extrêmement discrets, dit qu'il a eu lieu par 40° 55' de latitude nord et 16° 23' 5 de longitude est, soit à 30 milles à l'est de Brindisi, juste au milieu du canal d'Otrante ; que deux torpilles ont été lancées, que le première a atteint l'avant du bâtiment et que la seconde a passé à 50 mètres en arrière ; mais ce qu'il ne dit pas, et cela n'eût pas manqué d'intérêt, c'est que, lorsque l'accident s'est produit, l'escadre s'avançait en ligne de file, à la vitesse réduite de 9 nœuds, sans aucun torpilleur sur les flancs, ce qui donnait à l'adversaire le maximum de chances de réussite. Ce qu'il ne dit pas non plus, c'est qu'à l'instant fatal l'ordre fut donné de marcher à la vitesse de 14 nœuds, et que le *Jean-Bart*, obligé de s'y conformer, aurait coulé sur place, sans le sang-froid de son commandant qui, sitôt dégagé de la masse des autres bâtiments, a pu, en reprenant la vitesse minima, soulager la pression qui menaçait de faire sauter la cloison sur laquelle reposait désormais la vie du *Jean-Bart*.

La Commission de la marine, qui avait été informée

quelques jours après de ces détails, en fut tellement impressionnée, qu'elle crut devoir déléguer un certain nombre de ses membres pour entretenir le gouvernement de ses inquiétudes motivées sur la valeur du commandement. Démarche inutile, en présence d'un ministre qui ne voulait rien savoir et qui, plus tard, avec son audace ordinaire, disait devant la Commission :

« L'amiral Bienaimé affirme, dans son rapport, sur la foi de je ne sais qui, qu'au moment du torpillage du *Jean-Bart*, l'amiral de Lapeyrère a donné l'ordre à ce navire torpillé de marcher à toute vitesse. Celui-ci déclare qu'il a donné cet ordre à l'escadre, non à ce bâtiment seul, lequel, d'ailleurs, en eût été bien empêché, tout son avant étant détruit et son maximum de vitesse étant tombé à 7 nœuds.

« Je ne vois vraiment pas sur quoi l'amiral Bienaimé peut édifier son accusation : *l'amiral de Lapeyrère lui inflige, en tout cas, le démenti le plus formel.* »

Le commandant en chef avait d'ailleurs dit à peu près la même chose dans sa note de janvier 1916 : « Il me sera aisé de démontrer que certaines appréciations sont certainement erronées, et que quelques-unes, basées sur des racontars *tels que celui me prêtant d'avoir ordonné la marche à toute vitesse après le torpillage, sont sans fondement.*

« *Je nie de la façon la plus formelle l'ordre de marcher à toute vitesse...* »

Démenti et négation, quelque formels qu'ils soient, ne tiennent pas devant le récit précisant tous les détails de l'aventure, et que l'auteur du rapport, qui, par conséquent, ne parlait pas sur la foi de « je ne sais qui », avait entre les mains lorsqu'il l'a écrit. Les audacieux démentis qui lui ont été donnés l'obligent à le faire connaître aujourd'hui.

« La vitesse de l'armée navale ne dépendait pas de moi, a écrit le commandant du *Jean-Bart* lui-même (1). Elle avait été de 11 nœuds toute la nuit. Quand, au jour, nous avons pu nous placer par relèvements, nous étions en avance sur l'estime. C'est alors que l'amiral a fait dire à l'officier de son état-major de service de réduire successivement la vitesse à 9 nœuds. Elle a été mise à 10 nœuds à 8 heures, à 9 nœuds à 8 h. 15. A 8 h. 23, nous étions torpillés.

« L'amiral se trouvait à ce moment dans ses appartements. Il a fait donner l'ordre, et le signal a été hissé, de régler l'allure à 70 tours (14 nœuds). Le *Jean-Bart* était déjà venu sur la droite de la route signalée, et j'ai dû augmenter de vitesse comme les autres, pour ne pas me faire aborder.

« Du coup, l'eau a débordé par le panneau de la cambuse sur le pont cuirassé supérieur, et a commencé à déverser dans le compartiment D ; d'autre part, naturellement, l'inclinaison sur l'avant a augmenté. Cet accroissement de vitesse n'a duré que quatre minutes, et, suffisamment dégagé des autres unités, je venais de réduire à 40 tours (8 nœuds), quand l'amiral a paru sur la passerelle. Je suis allé lui dire : « Amiral, il y a grand danger à « marcher aussi vite ; j'ai réduit ». « Très bien, très bien,

(1) La vitesse est, en effet, réglée par le commandant en chef.

« mon ami ; faites ce que vous voudrez », m'a-t-il répondu. Et je dois lui rendre cet hommage qu'à partir de ce moment, il m'a laissé absolument maître de faire tout ce que je croirais utile pour sauver mon bâtiment. »

Tels sont les faits. L'ordre de marcher à 14 nœuds a été donné ; il était général et impératif pour tous ; pour qu'il ne le fût pas pour le *Jean-Bart*, on aurait dû hisser en même temps, soit que le signal ne le concernait pas, soit qu'on lui donnait liberté de manœuvre ; son exécution par les autres bâtiments obligeait absolument le navire-amiral à s'y conformer, sous peine d'être abordé par ses matelots d'arrière, et le caractère impératif du signal était tel que le commandant crut tout d'abord devoir s'excuser d'en avoir suspendu l'exécution pour cause de force majeure, dès qu'il eut paré le danger dont il était menacé par ses voisins.

Et, cela dit sur les suites de l'événement, nous pouvons retenir encore qu'il avait été singulièrement facilité dans sa genèse par la marche lente de cette escadre arrivant à 9 nœuds, sans protection directe sur ses flancs, dans des parages où ses habitudes régulières permettaient de l'attendre à coup sûr.

Pour se débarrasser de cette double critique, l'amiral de Lapeyrère explique qu'il ne pouvait pas s'attendre à voir descendre aussi bas les deux sous-marins à faible rayon d'action dont disposait en permanence le port de Cattaro : « Ils avaient toutes raisons pour ne pas descendre au-dessous du parallèle de Durázzo, et savaient en outre que, pour attaquer les cuirassés, il suffisait de les attendre au-dessus de ce parallèle, où ils étaient toujours remontés à chaque pénétration dans l'Adriatique.

« Par ailleurs, les torpilleurs d'escorte précédant les escadres avaient traversé la nuit les parages où nous fûmes torpillés vers 9 heures du matin. Il y avait par conséquent à mes yeux les plus grandes chances pour qu'ils aient rencontré les sous-marins naviguant en surface, parce que surtout préoccupés de découvrir les ravitailleurs. J'en déduisais que l'escadre en ligne de file derrière les torpilleurs pouvait sans inconvénient naviguer à allure modérée jusqu'à une latitude située un peu au-dessus du parallèle de Vallona. Mes prévisions ne se réalisèrent malheureusement pas, puisque, vers 9 heures, nous fûmes torpillés à la vitesse de 9 nœuds.

« On incrimine cette vitesse. C'est cependant à elle que nous dûmes de n'être avariés qu'insuffisamment pour couler. Grâce à elle, en effet, la torpille frappa le compartiment le plus restreint, et, par suite, le moins dangereux. Je ne prétends pas, cependant, que la vitesse de 9 nœuds soit à recommander, mais, **en la** circonstance, elle nous fut favorable, et avec une vitesse supérieure nous n'aurions pas évité la torpille qui, *à coup sûr*, nous eût fait une blessure plus considérable... »

De pareils raisonnements ne peuvent être reproduits en analyse, on croirait à une mystification ; il faut des textes pour les discuter. Nous osons à peine le faire, par respect pour la mentalité du lecteur.

Mais il faut tout de même souligner cette singulière excuse du manque de surveillance immédiate des flancs de l'escadre, parce que son chef ne croyait pas pouvoir s'attendre à voir des sous-marins à si faible rayon d'action venir si bas, alors qu'ils n'avaient qu'à attendre l'armée navale au-dessus du parallèle de Durazzo, où elle était toujours remontée à chaque pénétration dans l'Adriatique. Et cette garantie donnée par le fait que les torpilleurs d'escorte précédant les escadres avaient traversé pendant la nuit, c'est-à-dire quatre ou cinq heures avant, les parages où le *Jean-Bart* fut torpillé ! Les sous-marins n'ont-ils donc pas le moyen de se dissimuler quand ils ont intérêt à le faire, pour reparaître en temps utile, en vue de l'exécution de leurs projets?

Mais que penser de la circonstance atténuante invoquée en faveur de la vitesse de 9 nœuds, grâce à laquelle le *Jean-Bart* a eu le bonheur de ne pas recevoir la blessure mortelle?

Aller vite est une question de principe, parce que c'est la manière de rester moins longtemps exposé aux coups du sous-marin et de lui laisser moins de loisirs pour combiner les éléments de son pointage ; c'est le geste du fantassin qui court sous les balles ou les obus. Et à celui qui dit : « A 9 nœuds j'ai évité le coup fatal », on peut répondre qu'à 8 il eût évité tout accident, ce qui ne serait d'ailleurs pas exact, parce que le torpilleur, attendant le cuirassé sur sa ligne de mire, n'aurait lancé son projectile qu'un peu plus tard. Ce n'est donc qu'un argument de pure fantaisie, comme tous les autres, et nous pouvons conclure que le torpillage du bâtiment amiral de l'armée navale fut la conséquence d'une série de fautes qui, restées sans sanction, ont continué à se perpétuer et ont amené, dans la nuit de pleine lune du 25 au 26 avril 1915, à minuit 40, le torpillage du *Léon-Gambetta*, portant le pavillon du contre-amiral Sénès, dirigeant une croisière dans le canal d'Otrante.

XII

LE TORPILLAGE DU *LÉON-GAMBETTA*

Ce croiseur-cuirassé était sans escorte ; il ne marchait qu'à 6 nœuds et demi, c'est-à-dire à une vitesse où un sous-marin, même immergé, pouvait le suivre et le dépasser, cela sur des routes suivies régulièrement et systématiquement depuis des mois, dans des secteurs déterminés où l'adversaire n'avait même pas besoin de chercher sa proie, tant elle s'offrait à lui.

L'accident, déplorable par les circonstances qui l'ont amené, a pris un caractère poignant, du fait que, pour n'avoir pas prévu — du moins tout permet de le supposer — la liaison nécessaire entre les bâtiments de la même croisière, aucune assistance ne fut apportée par l'escadre aux malheureux naufragés d'un bâtiment qui avait flotté pendant vingt minutes après son torpillage, et qui, au moment où il sombra, avait assuré un flottage d'attente aux trois cents marins qu'il laissait en détresse. Les premiers secours n'arrivèrent que quatorze heures après, de la côte italienne, presque miraculeusement atteinte par la seule embarcation ayant échappé au désastre, chargée à couler bas par les cent huit marins qui avaient pu y prendre place. Et quand les deux torpilleurs et les deux destroyers, partis en hâte, aussitôt prévenus, arrivèrent sur les lieux, il ne restait plus que vingt-huit survivants de ceux qui, avant l'engloutissement du navire, avaient pu, en se pourvoyant de ceintures ou de flotteurs ramassés au hasard, garder quelque espérance !

L'horrible agonie du *Léon-Gambetta* et de ses marins a été fixée pour l'histoire dans un émouvant article de *l'Illustration*, écrit par le commandant Vedel. Le drame est poignant, mais l'angoisse se double à la pensée que c'est seulement cinquante-six heures après la catastrophe qu'apparut le croiseur *Ernest-Renan*, qui participait, sous les ordres de l'amiral Sénès, à la même croisière que le *Léon-Gambetta*.

« Ne recevant aucun message de son chef de division, dit le narrateur, le commandant de l'*Ernest-Renan* supposa une avarie de T. S. F., et ce fut seulement le 29, qu'en allant en découverte vers la gauche, il eut connaissance du malheur survenu. » Seulement le 29 ! L'hypothèse de l'avarie de la T. S. F. était exacte ; l'appareil du *Gambetta* avait été brisé par le choc même de la torpille ; mais il ne fallait pas quarante-huit heures pour y songer. Est-il possible que le lien si souple d'assistance mutuelle dont la télégraphie sans fil a doté les navires d'éclairage, et grâce auquel ils doivent se tenir en contact continu, ne soit pas employé à des communications régulières et périodiques entre les bâtiments engagés dans des opérations reposant sur leur concours mutuel, et de telle façon que l'on puisse tirer, même et surtout, de leur silence à des heures convenues, des indications essentielles ? Rien, toujours rien ! C'est déplorable.

Certes, de pareils malheurs ont leur auréole. La perte du *Léon-Gambetta* a mis une fois de plus en relief les grandes vertus de nos marins ; tout s'est passé dans l'ordre, et c'est ce jour-là qu'après avoir perdu toute espérance de sauver son navire, l'amiral Sénès, ayant fait commander « aux embarcations » et voyant un commencement de précipitation pouvant devenir dangereuse, l'arrêta de cette phrase superbe : « Ne vous pressez pas, mes enfants ; les embarcations, c'est pour vous ; nous, nous restons », et que, suivant son exemple, *tous* les officiers périrent à leur poste. Mais ceci ne console pas de cela, et ne peut que faire regretter davantage que de tels hommes, au lieu d'avoir à donner leur mesure dans des actions de guerre, soient voués — sans les précautions d'usage, et ils ne l'ignoraient pas, car ils le répétaient sans cesse dans leurs lettres avec colère — à des dangers sans profit.

On ne peut pas dire que le commandant en chef ne pensait pas aux coups que pouvaient porter les sous-marins à ses bâtiments ; il ne cesse de les invoquer, et on sent dans tous ses rapports combien son initiative en est paralysée ; malheureusement, on n'aperçoit jamais l'esprit de la méthode permettant de s'en défendre. Ce qui s'est passé pour le *Jean-Bart* et le *Léon-Gambetta* démontre qu'il ne songe même pas aux moyens élémentaires qui se sont présentés, dès la première heure, aux commandants de nos navires de commerce : vitesse maxima, changements de route imprévus et fréquents, secret des itinéraires ; il n'emploie même pas à la protection ces sortes de bâtiments dont le nom, seul, de

« contre-torpilleurs » suffit à fixer le rôle. Dans les rapports où il parle de ses inquiétudes au sujet du nombre croissant des sous-marins ennemis, notamment dans celui du 11 mars 1915, que réclame-t-il pour y remédier? *Des paquebots ou des croiseurs auxiliaires*, c'est-à-dire les navires les plus propres à leur fournir des appâts nouveaux et non à les combattre.

Nous retrouvons la même idée dans une lettre du 10 avril, où il exprime qu'il n'a pas assez de *croiseurs* pour répondre aux menaces croissantes des sous-marins de l'ennemi, et où il réclame de nouveau « l'envoi de quelques bâtiments légers : *croiseurs ou croiseurs auxiliaires* ». On ne voit surgir chez lui l'idée des patrouilles organisées de petits bâtiments, qui avaient rendu tant de services dans la Manche et la mer du Nord depuis le mois de février, que dans une lettre du 19 mai, alors que les sous-marins allemands commençaient à arriver dans la Méditerranée par Gibraltar, et que l'état-major général avait commencé à faire descendre à leur suite les premiers éléments de cette sorte de protection. Là encore, nous devons souligner l'absence d'initiative de la part de celui auquel elle appartenait au premier chef.

XIII

LES ITALIENS NOUS REMPLACENT EN ADRIATIQUE

Des constatations pénibles que nous avons dû faire au sujet des opérations de notre armée navale en Adriatique, jusqu'à la date du 10 mai qui est celle de l'entrée en guerre de l'Italie, il est permis de conclure qu'en ne s'inspirant que du système négatif du moindre risque, qui ne pouvait fatalement donner aucun résultat, en se refusant à entrevoir ce que l'on aurait pu tirer de la facilité de diversions que permet la puissance maritime, ceux qui avaient le suprême honneur de présider aux destinées de notre marine ont perdu l'occasion de donner à notre pays la juste rémunération des sacrifices qu'il avait consentis pour elle. Nous devons d'autant plus le regretter que, par suite des circonstances, elle aurait pu, si l'on en avait fait un judicieux emploi, changer le cours des événements. Ni le ministre Augagneur ni l'amiral de Lapeyrère ne l'ont compris, et les conséquences de leur aveuglement devaient rester irréparables. Quand est survenue l'entrée en ligne de l'Italie, les affaires étaient trop mal engagées et l'attention de notre principal allié maritime, l'Angleterre, trop fortement retenue ailleurs, pour qu'il fût possible d'améliorer sérieusement une situation qui, pour son règlement, allait se trouver dominée par une question de personnalités. Nous avions été évincés des Dardanelles par suite de notre indifférence; pour n'avoir pas su prendre position dans l'Adriatique, c'est au duc des Abruzzes, commandant en chef de l'escadre italienne, renforcée de quelques bâtiments de haut bord anglais et de quelques navires de flottille français, qu'on allait en laisser le soin.

Les nouveaux accords qui furent arrêtés à la date du 10 mai et confirmés à la suite d'une conférence qui eut lieu le 27 à Tarente, entre le duc des Abruzzes et l'amiral de Lapeyrère, en vue, dit celui-ci dans son rapport du 5 juin, « d'établir entre les deux amiraux des flottes italienne et française une entente ayant pour but d'assurer une collaboration étroite entre les deux forces navales », furent les suivants : « L'Adriatique et ses abords, limités vers le sud à la ligne allant du cap Colonne à l'île Fano, près de Corfou, est fixée comme champ d'action à la flotte italienne, les forces françaises n'ayant plus à croiser que dans la mer Ionienne, pour tenir le blocus de l'Adriatique. Celles-ci devront assurer, autant que possible, la liberté de circulation dans la Méditerranée, pour la recherche des sous-marins et de leurs moyens de ravitaillement. Les croiseurs et les flottilles feront cette besogne. Quant aux cuirassés, ils resteront à Bizerte ou à Malte, où ils feront des visites et des réparations. »

La lettre se termine ainsi :

« En résumé, l'entrée en ligne de l'Italie, qui assure la surveillance de l'Adriatique dans d'excellentes conditions, permet de mettre un terme à la croisière continue des cuirassés et de maintenir ces bâtiments prêts à intervenir dans de bonnes conditions au premier signal.

« Elle nous permet d'étendre la surveillance des croiseurs sur une plus grande longueur des lignes de communication, et, enfin, elle donne le moyen de consacrer ce qui nous reste de petites unités disponibles à la recherche des sous-marins ennemis et de leurs ravitailleurs dans les zones de passage les plus vraisemblables. »

Le commandant en chef est visiblement satisfait ; il le témoigne au duc des Abruzzes, auquel il écrit au même moment : « En résumé, Monseigneur, je crois pouvoir dire que la surveillance générale dont j'ai la charge dans la Méditerranée permettra d'interdire l'accès des abords de l'Adriatique à tout navire qui essaierait d'y pénétrer, et, d'autre part, que les dispositions prises par les escadres de ligne leur donnent les moyens d'intervenir à temps pour joindre leur action à celle de la flotte italienne, le jour où leur concours serait opportun. »

A cette acceptation, si facilement résignée, d'une situation toujours amoindrie de celui que tout, mais surtout la supériorité des forces qu'il commandait, avait désigné, d'abord, pour le commandement suprême, il est difficile de ne pas opposer le sentiment que nous ne pouvons nous empêcher d'éprouver, en constatant que l'entrée en ligne d'une nouvelle escadre alliée n'ait eu d'autre résultat qu'une sorte de mise en réserve de toute cette armée navale pour laquelle nous avions le droit de rêver d'autres destinées, et qui n'aura plus d'autre objectif que de se joindre à l'escadre italienne, dans le cas, devenu de plus en plus invraisemblable, d'une sortie des bâtiments autrichiens.

Nous reviendrons plus tard sur les faits qui se sont

déroulés depuis ce nouvel accord jusqu'à la date du 10 octobre 1915, à laquelle l'amiral de Lapeyrère déclarera que son état de santé ne lui permet plus d'assurer les responsabilités qui lui incombent. Mais il nous faut, maintenant, revenir un peu en arrière, pour reprendre, au point où nous les avons laissés à la fin de notre première partie, les événements qui se sont passés dans la Méditerranée orientale, à la suite de l'entrée du *Gœben* et du *Breslau* dans les Dardanelles.

AUX DARDANELLES

I

POURQUOI FALLAIT-IL ALLER AUX DARDANELLES, ET COMMENT ?

Si notre haut commandement avait si mal compris que nous croyons l'avoir démontré, le rôle que notre puissance maritime aurait dû jouer en Méditerranée dès le début des hostilités, il était encore plus mal préparé à profiter de ces sortes d'événements qu'un vrai chef de guerre a le devoir de guetter, même de susciter, et qui, saisis au bon moment, peuvent décider du sort de toute une campagne.

L'évasion du *Gœben* et du *Breslau* dans les Dardanelles était de ceux-là. Tout nous commandait de profiter de ce que la Turquie, en les accueillant, avait failli à ses engagements, pour nous jeter sur les Détroits, dont elle n'avait ni su, ni voulu protéger la neutralité, et dont la fermeture était, pour la Triple Entente, une menace désastreuse.

Une expédition tentée de suite, non peut-être, comme on l'a dit, en franchissant les Dardanelles dans le sillage des croiseurs allemands, — l'entreprise risquait trop d'être sans lendemain pour les bâtiments qui l'auraient essayée, — mais préparée sans délai, sous la forme d'une de ces « opérations combinées » dont les chances de succès reposent sur la maîtrise de l'heure et le choix du lieu que permettent les actions par mer, une expédition de ce genre, disons-nous, présentait toutes chances de réussite, et les résultats en eussent été incalculables.

Il s'est fait quelque chose qui n'a pas abouti, et ce fut une occasion de triompher pour les théoriciens du moindre risque, qui n'avaient voulu entrer dans l'aventure que juste assez pour n'en pas laisser le complet bénéfice, en cas de succès, à ceux qui voulaient l'entreprendre ; mais la question qui se pose est de savoir si l'insuccès, et par conséquent la perte d'une occasion qui aurait sans aucun doute précipité la fin de la guerre, ne fut pas dû à la manière dont l'expédition fut conçue, entreprise et poursuivie, en même temps qu'au défaut de concours entre les alliés dans une affaire où il n'eût pas été trop de la combinaison étroite de tous leurs moyens pour réussir.

Il était manifeste — nous l'avons fait entrevoir dans notre troisième chapitre — que l'Angleterre, qui, dès le milieu d'août, avait rassemblé tous ses navires dans le Levant, s'accrochait chaque jour davantage aux Détroits. Elle y appelait même les nôtres, sans le moindre égard pour le commandant en chef de l'armée navale. Quand elle en désirait, elle s'adressait à notre ministre, qui, avec une complaisance par trop irréfléchie, ordonnait immédiatement à l'amiral de Lapeyrère de les envoyer. C'est ce qui s'était passé, en septembre, pour les deux cuirassés du type *Démocratie*, et renouvelé le 22 novembre pour la formation d'une division de cuirassés et de flottilles, détachés de notre armée navale et placés directement sous les ordres du vice-amiral anglais Carden.

Dès cette époque, le doute n'était plus possible. L'Amirauté marchait vers l'action ; mais comme elle supposait sans doute que nous n'étions pas décidés à la suivre, ou que, si nous le faisions, elle serait obligée d'accepter le chef que désignait la convention du 6 août, et dont, visiblement, elle ne voulait pas, elle poursuivit ses préparatifs dans le plus grand secret, se réservant de nous faire connaître ses intentions sous la forme d'une déclaration définitive.

II

L'AMIRAUTÉ ANGLAISE DÉCIDE, SEULE, DE FAIRE L'EXPÉDITION

C'est ce qui résulte des explications suivantes (1), données par M. Augagneur à la Commission de la marine, qui avait désiré avoir quelques éclaircissements sur la genèse d'une expédition qui, déjà, battait son plein.

« Le ministre avait appris, par notre attaché naval à Londres, que l'Angleterre avait l'intention de faire une expédition aux Dardanelles. Il avait immédiatement déclaré la chose impossible sans notre intervention, et envoyé une dépêche demandant l'emploi précis de chalutiers réclamés par l'Amirauté britannique (2).

(1) Procès-verbal du 18 mars 1915.
(2) M. Augagneur faisait allusion, ici, à une lettre de l'attaché naval, dont il sera parlé plus loin, l'informant que l'Amirauté demandait le concours de quelques chalutiers.

« Celle-ci s'est émue et a demandé au ministre d'aller à Londres.

« Il a donc vu lord Churchill, qui lui a démontré la nécessité de l'expédition des Dardanelles.

« Pourquoi la France n'a-t-elle pas pris l'initiative ?

« La flotte française était obligée de surveiller la flotte autrichienne ; elle ne pouvait distraire douze cuirassés, comme ont fait les Anglais, parce qu'en cas de perte, cela nous aurait coûté trop cher.

« Les Anglais ont trois bateaux susceptibles de tirer de loin sans s'exposer aux feux des forts ; les autres sont moins bons.

« Les pertes anglaises n'auraient pas diminué leur flotte ; dans ces conditions, quatre cuirassés français suffisaient. Devant l'énorme disproportion entre les deux flottes, les Anglais ont réclamé le commandement. Il a été spécifié que ce serait pour cette expédition seulement. »

Ces explications, que nous avons tenu à reproduire littéralement, n'étaient pas de nature à satisfaire les membres de la Commission. Elles consacraient l'abandon aux Anglais du commandement qui nous avait été dévolu par la convention du 6 août, dans l'opération particulièrement importante qui allait s'accomplir dans la Méditerranée. C'était une atteinte à notre influence dans des parages où nous avions, depuis des siècles, un prestige indiscuté ; mais c'était aussi le renoncement à toute collaboration effective dans la préparation d'une entreprise dans laquelle les qualités d'organisation et de préparation qui sont de tradition dans notre marine, et dont l'histoire a enregistré la valeur lors des expéditions d'Alger et de Crimée, auraient pu rendre les plus grands services.

Se retrancher, pour excuser tant d'abnégation, derrière une disproportion de forces ne résultant, au fond, que de ce qu'on ne demandait pas à nos alliés de coopérer à la surveillance de la flotte autrichienne, pour nous permettre de prendre part, comme il convenait, à l'opération principale, n'était pas suffisant.

A ces objections, il ne fut fait aucune réponse. Le ministre, qui n'avait jamais cessé d'invoquer les discrétions gouvernementales pour ne rien dire, les avait poussées, ce jour-là, d'autant plus loin qu'il lui était difficile d'avouer le rôle peu glorieux, et certainement néfaste, qu'il avait joué au moment de la préparation de l'expédition. L'étude des documents officiels et l'examen de certaines parties de l'enquête faite par le gouvernement britannique sur l'affaire des Dardanelles, vont nous permettre de le révéler.

Il est exact, comme l'a dit M. Augagneur, qu'il n'a appris que de façon tout à fait inopinée, par une communication de notre attaché naval à Londres, que le gouvernement anglais allait entreprendre une opération de grande envergure dans les Détroits.

Il avait, en effet, reçu le 20 janvier 1915, de cet officier, le télégramme suivant :

« En vue d'éventualités qui vous seront expliquées par ma lettre n⁰ 237, on juge indispensable de réunir en Méditerranée un nombre important de dragueurs de mines, dans une quinzaine de jours environ. L'Amirauté, ne pouvant en envoyer qu'une vingtaine, serait reconnaissante si vous vouliez l'aider en passant en revue les ressources que peut fournir la Méditerranée en chalutiers à vapeur, petits remorqueurs, etc., dans le but de procurer deux douzaines de dragueurs. La Compagnie de Suez pourrait, probablement, en fournir quelques-uns. »

L'éventualité annoncée au début du télégramme, et indiquée dans la lettre n° 237, était l'expédition des Dardanelles. Le premier mouvement de M. Augagneur, au reçu d'une pareille communication, fut de stupéfaction, et nous ne saurions trop l'approuver d'avoir répondu sans délai, le 21 :

« Marine à attaché naval à Londres :

« Avant donner suite à demande chalutiers dans Méditerranée, désirons connaître leur emploi précis. Ministre persiste à réclamer exécution convention 6 août et direction opérations Méditerranée entière pour commandant français. Dans ces conditions, toute opération devra être préparée et dirigée par nous. Amirauté ne peut décider sur un plan où jouerions rôle assigné par elle. Insistez très énergiquement dans ce sens. »

Il était impossible d'être plus net. Mais il faut bien reconnaître qu'après toutes les abdications antérieures du ministre qui avait laissé peu à peu désorganiser notre commandement, des revendications aussi catégoriques ressemblaient fort à une volonté d'opposer une fin de non-recevoir au fond même de la question. L'Amirauté ne pouvait s'y méprendre, mais, tout en restant décidée à marcher même sans nous, elle comprit que la conversation commencée sur ce ton de bataille aurait pu devenir délicate. Ne voulant rien briser, elle pria M. Augagneur de se rendre à Londres, pour arriver à une entente.

Rien ne nous permet de percer le mystère des conversations qui s'y poursuivirent pendant les trois journées des 25, 26, 27 janvier et la matinée du 28, qu'il y passa, entre notre ministre et les représentants de l'Amirauté, mais nous savons par l'enquête anglaise que, dans la séance du « War Council » du 28, lord Churchill pouvait dire : « que la première démarche faite par lui, après qu'il eut reçu le mandat de faire les préparatifs d'un bombardement de la presqu'île de Gallipoli, fut de se mettre en rapports avec le gouvernement français dans le but d'assurer la coopération de la flotte française, et que M. Augagneur, ministre de la marine française, vint à Londres ; que, dans le cours des discussions qui eurent lieu avec lui, des accords furent rapidement conclus, en ce qui concerne la sphère d'action maritime, en Méditerranée, à assigner respectivement aux forces navales des deux pays, et que l'escadre française des Dardanelles devait être placée sous le commandement de l'amiral anglais ».

M. Churchill avait d'autant plus le droit de s'exprimer ainsi, qu'il avait adressé la veille, le 27, à notre ministre, qui l'avait acceptée, une lettre dans laquelle il l'informait : « que l'Angleterre allait entreprendre un effort contre les Dardanelles ; qu'elle n'exigeait aucun concours ; que, toutefois, si ce concours était accordé, il aurait les plus heureux résultats et serait salué cordialement, mais que le commandement de cette opération appartiendrait aux Anglais ».

Il est difficile de se défendre d'un pénible étonnement à la lecture d'un pareil texte, qui veut n'être qu'une notification là où, à cause de la situation spéciale que nous avions en Méditerranée, il aurait dû y avoir au moins trace d'accords, et, ajoutons-le, une notification un peu hautaine d'une décision sans appel, une sorte de mise en demeure devant un fait accompli. Et l'on a le droit de s'étonner que cela fût si facilement accepté par le ministre qui, six jours auparavant, s'était montré si pénétré de ses droits, qu'il voulait tout briser.

III

M. AUGAGNEUR SE SOUMET SANS CONDITIONS

La soumission n'était cependant pas douteuse, puisque, le 31 janvier, il communiquait les décisions arrêtées le 27, non pas pour examen, mais pour exécution, au commandant en chef de l'armée navale, d'une part, et, d'autre part, au contre-amiral Guépratte, appelé à exercer le commandement de la division navale française de concours placée sous les ordres de l'amiral Carden, par les deux lettres suivantes :

« Paris, 31 janvier 1915.

« *Le ministre de la marine à monsieur le vice-amiral, commandant en chef de la 1re armée navale.*

« J'ai l'honneur de vous envoyer, ci-inclus, la copie

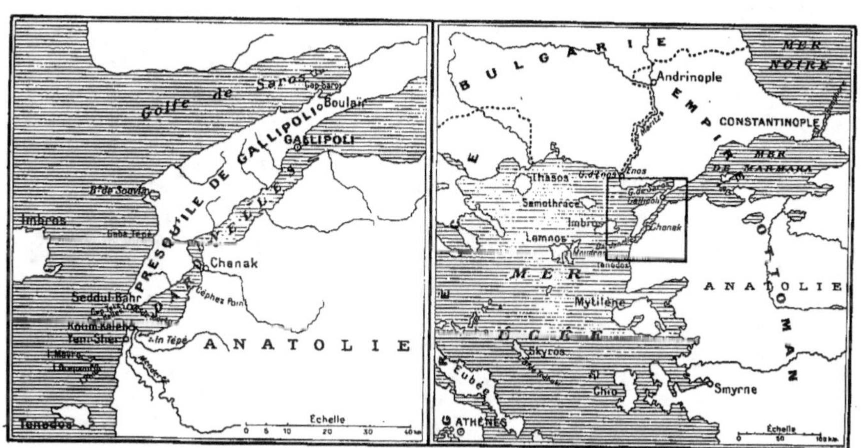

LES DARDANELLES ET LEURS ABORDS.

d'une lettre qui m'a été adressée par le Premier Lord de l'Amirauté le 27 janvier.

« J'ai donné en principe mon adhésion aux propositions contenues dans cette lettre, et, en particulier, à la coopération des bâtiments français détachés aux Dardanelles à l'action qui va être entreprise vers le 15 février dans le détroit sous le commandement du vice-amiral Carden.

« Les bâtiments seront les cuirassés *Gaulois*, *Charlemagne* et *Saint-Louis* (si ce dernier est prêt en temps voulu), les torpilleurs et sous-marins actuellement présents aux Dardanelles, et la *Foudre*.

« Dans le télégramme secret qui vous a été adressé aujourd'hui, je vous prie de demander à l'amiral Guépratte de vous faire savoir quelles étaient les grandes lignes du projet de l'amiral Carden, et je serais heureux d'avoir votre avis personnel sur ce projet.

« L'escadre destinée à opérer sur les côtes de Syrie sera placée sous les ordres d'un vice-amiral qui relèvera de votre autorité. Elle sera composée, jusqu'à nouvel ordre, des cuirassés *Bouvet*, *Charlemagne* et *Henri-IV* et du croiseur *D'Entrecasteaux*. Elle ne comprendra donc aucun des bâtiments de la force navale opérant à l'entrée de l'Adriatique.

« Elle sera peut-être renforcée par le *Desaix*, à son retour d'Hodeidah, si la présence de ce croiseur dans le canal de Suez n'est pas jugée nécessaire. »

*
* *

« Paris, 31 janvier 1915.

« *Le ministre de la marine à monsieur le contre-amiral,
commandant la division détachée aux Dardanelles.*

« Je vous envoie, ci-inclus, la copie d'une lettre qui m'a
été adressée par le Premier Lord de l'Amirauté le
27 janvier.

« J'ai donné, en principe, mon adhésion aux propositions contenues dans cette lettre, et, en particulier, à la
coopération des bâtiments français détachés aux Dardanelles à l'action générale qui va être entreprise dans
le détroit sous le commandement du vice-amiral Carden.

« *Vous avez dû, sans doute, vous entretenir déjà avec cet
officier général des conditions dans lesquelles pourrait
avoir lieu une action sur les Dardanelles. Je vous prie de
me faire savoir, dans le plus bref délai possible, quelles sont
les grandes lignes du projet d'attaque de l'amiral Carden,
et quel est votre avis personnel sur ce sujet.*

« Les bâtiments français qui prendront part à l'opération seraient les cuirassés *Suffren, Saint-Louis, Charlemagne, Gaulois,* les contre-torpilleurs et sous-marins
qui se trouvent actuellement sous vos ordres.

« Je m'occupe de réunir et d'armer un certain nombre
de dragueurs de mines, qui seront envoyés, aussitôt prêts,
au point qui sera indiqué par l'amiral Carden.

« Je vous prie d'adresser au commandant en chef de
l'armée navale une copie de votre réponse à la présente
lettre. »

Ces deux communications sont la notification pure et

simple d'une acceptation bien singulière, si l'on considère qu'au moment où elle était donnée, le ministre qui allait faire coopérer les forces navales françaises à l'expédition ignorait à ce point la manière dont elle serait conduite, qu'il interrogeait l'amiral Guépratte pour l'aider à percer le mystère.

Le rapport d'enquête fait en Angleterre sur l'expédition des Dardanelles nous apprend, cependant, que cette ignorance ne fut pas de longue durée. On y voit, en effet, — c'est une affirmation de lord Churchill, — « que les plans détaillés de l'action furent communiqués au gouvernement français et examinés par le ministre de la marine à Paris, qui les approuva », mais ce ne fut que le 2 février, comme il appert d'une lettre de M. Augagneur disant : « J'ai pris connaissance du memorandum que vous m'avez adressé à la date du 2 février. Les dispositions qu'il contient ne soulèvent de ma part aucune objection ; elles me paraissent conçues avec prudence et prévoyance, permettant de s'arrêter sans dommage moral, si la continuation des opérations rencontrait des difficultés. »

A ce moment, le ministre avait déjà reçu la réponse sollicitée de l'amiral Guépratte, qui avait été immédiate :

« Reçu votre télégramme du 31 janvier (1) ; grandes lignes du projet Carden sont : réduction forts entrée Dardanelles ; dragage mines entrée ; réduction des forts

(1) La lettre du 31 janvier avait été condensée dans un télégramme parti le même jour, et c'est à ce télégramme que répond l'amiral Guépratte.

Chanak et Kalessi ; dragage grands champs de mines pointe Képhez ; recherche et destruction flotte ottomane, particulièrement *Gœben* ; tenir Constantinople sous la menace de nos canons et tendre la main à la flotte russe.

« Suis d'accord avec vice-amiral Carden en tous points, et ai confiance dans succès, dont les résultats seront incalculables. »

Il y a certainement dans cette réponse une confusion entre ce que l'on peut appeler les objectifs et le plan suivant lequel on peut les atteindre.

Tous ceux qui connaissent l'amiral Guépratte, son tempérament hardi, son esprit de discipline admiratif pour quiconque est son chef, et son désir d'exercer ses hautes qualités de bravoure militaire, ne peuvent s'étonner d'un enthousiasme aussi vaste que les conséquences qu'il entrevoit, d'ailleurs justement, derrière la réalisation d'un rêve superbe ; mais, ces réserves faites sur la haute personnalité d'un officier général que nous verrons à l'œuvre et qui, plus tard, après l'épreuve, se montrera beaucoup plus défiant, nous sommes en droit de faire remarquer qu'un projet qui se résume en l'acte audacieux d'un forcement d'une passe aussi longue et aussi fortifiée que l'était celle des Dardanelles était une entreprise incertaine, forcément coûteuse de toutes manières, risquant surtout d'être sans lendemain, si l'on n'avait pas le soin de s'assurer en même temps la possession d'une des rives, ou, au moins, des points de cette rive permettant d'arrêter les renforts ou les approvisionnements capables de rajeunir indéfiniment la résistance. Sur ce point, rien n'avait été prévu, ni par l'amiral Carden, ni par l'Amirauté.

Pourquoi n'avoir pas consulté notre état-major général? Si le projet lui avait été soumis, il n'eût pas manqué d'en faire l'observation.

Nous savons bien que, pour M. Augagneur, ce n'était qu'un organisme de temps de paix, n'ayant aucune raison d'être dans la guerre, mais c'est une conception d'ordre personnel qui ne saurait le décharger de la lourde responsabilité qu'il a prise à Londres, en engageant, seul et sans conseil, la France dans une expédition où elle n'aurait plus à jouer qu'un rôle essentiellement passif, et qui, telle qu'elle était conçue, se présentait sans issue.

Le vice-amiral Aubert, que le ministre avait choisi lui-même pour remplacer l'amiral Pivet, et dans lequel, par conséquent, il devait avoir confiance, était un homme dont les avis devaient être pris d'autant plus en considération que c'était un officier général d'une valeur incontestée. Un seul défaut : trop modeste, avec un esprit peut-être exagéré de discipline passive qui modérait son initiative ; il était de ceux qu'il faut interroger. On était sûr de trouver toujours chez lui l'idée juste, et s'il avait accompagné M. Augagneur en Angleterre, il aurait certainement exercé, dans les conciliabules qui y ont été tenus, une influence d'autant plus intéressante, qu'à ce moment la plus grande hésitation régnait dans les conseils maritimes de nos alliés.

L'auteur de ces lignes, qui avait eu plusieurs fois l'occasion de s'entretenir avec lui de la nécessité d'envisager une action aux Dardanelles, savait qu'il ne concevait une expédition de ce côté que sous la forme d'une *action combinée*, exécutée simultanément par terre et par mer, et préparée avec le plus grand soin.

Si notre chef d'état-major général avait pu soutenir personnellement sa pensée devant le Premier Lord de l'Amirauté, M. Churchill, il eût exercé sur lui d'autant plus d'influence que celui-ci n'eût pas manqué d'être frappé de la concordance des vues de l'état-major français avec celles des conseillers navals de l'Amirauté britannique.

L'examen des discussions qui ont eu lieu en Angleterre, au sujet de l'expédition des Dardanelles, va démontrer qu'il eût, peut-être, fallu bien peu de chose pour faire pencher la balance du bon côté, et que si, dans la séance du « War Council » du 28 janvier, au lieu de se prévaloir de l'adhésion sans réserve donnée par M. Augagneur à des projets qu'on ne lui avait même pas développés, M. Churchill avait eu à présenter les observations du chef de notre service de préparation à la guerre, les décisions prises ce jour-là auraient pu être différentes (1).

(1) Lorsque le vice-amiral Aubert a su dans quelles conditions se préparait l'expédition, il a rédigé de sa main une note pour le ministre, dans laquelle il manifestait ses inquiétudes. Il n'en a été trouvé aucune trace à la suite de son décès, survenu quelques mois plus tard. Ce n'est pas très surprenant, après ce qu'a dit M. Augagneur lui-même de ce qu'il faisait des rapports de l'état-major général, quand ils le gênaient ; mais la note a été lue par des officiers de ce service, qui peuvent encore en témoigner, notamment par le sous-chef d'état-major.

IV

L'EXPÉDITION DES DARDANELLES ET LE « WAR COUNCIL » (1)

Bien que la Grande-Bretagne ait eu dès le premier moment l'intuition des événements que devait entraîner l'accueil fait par la Turquie aux croiseurs allemands, le « War Council », son organisme de la direction supérieure de la guerre, ne fut convoqué que le 25 novembre pour étudier la possibilité d'une attaque des Dardanelles.

M. Churchill la présenta comme le meilleur moyen de défendre l'Égypte, qui était alors menacée, et suggéra une attaque de la presqu'île de Gallipoli, qui, si elle réussissait, donnerait aux alliés le contrôle des Dardanelles et les mettrait à même de dicter leurs conditions à Constantinople.

Sur le principe, tout le monde fut d'accord, mais, par suite du manque de tonnage marchand nécessaire pour le transport d'un corps expéditionnaire suffisant, et, surtout, de l'impossibilité de former celui-ci, à cause de la pression qu'exerçait, à ce moment, sur le front occidental, la poussée allemande, le projet dut être abandonné.

Quelques semaines plus tard, le grand effort de l'ennemi pour atteindre les ports de la Manche ayant échoué,

(1) Les renseignements relatifs à la discussion qui a eu lieu devant le « War Council » sont tirés du rapport fait au Parlement anglais par une commission spéciale d'enquête nommée par ordre du roi, rapport publié par les journaux anglais, notamment par le *Times*.

et une accalmie s'étant produite, on songea à l'établissement d'une politique générale de guerre, et le « War Council » fut saisi de divers projets tendant à l'utilisation des nouvelles armées que l'on espérait pouvoir réunir pour le printemps de 1915.

Ce fut l'occasion, le 23 décembre, d'un memorandum rédigé par le lieutenant-colonel sir Maurice Hankey, secrétaire du Conseil, dans lequel cet officier supérieur attirait l'attention sur la « remarquable immobilité » qui s'était établie sur le théâtre occidental de la guerre. Il demandait d'examiner la possibilité de trouver quelque autre débouché pour l'emploi effectif des nouvelles armées. Il suggérait que l'Allemagne pourrait peut-être « être frappée avec le plus d'efficacité, et avec les résultats les plus durables pour la paix du monde, du côté de ses alliés, et particulièrement de la Turquie », et posait la question de savoir s'il n'était pas possible « d'établir autour d'elle un réseau qui terminerait sa carrière comme puissance européenne ».

Ce memorandum fut suivi, le 1er janvier 1915, d'un autre, de M. Lloyd George, indiquant aussi l'Orient comme le véritable objectif, et dans lequel il traçait un plan très développé dirigé contre les Autrichiens et les Turcs, en coopération avec les Grecs, les Roumains et les Serbes. D'autres suivirent, dont la discussion détermina, dans le « War Council », trois groupes d'opinions.

Dans l'un, on soutenait que tous les efforts devaient être concentrés sur le théâtre occidental de la guerre, parce que c'était là, et là seulement, qu'un succès décisif pouvait être atteint.

Dans le second, on affirmait que, par suite de l'immobilité complète du front occidental, on pouvait entrevoir des opérations de diversion ayant pour but d'obtenir l'aide de l'Italie et de la Roumanie contre l'Autriche, en même temps que l'on s'assurerait la coopération des Grecs pour s'attaquer à la Turquie.

Dans le troisième, on se ralliait à l'opinion intermédiaire, d'après laquelle l'immobilité complète du front occidental n'étant pas encore absolument prouvée, il convenait de continuer à y concentrer les efforts jusqu'à ce que l'insuccès de toute offensive ait démontré la nécessité de chercher d'autres théâtres de guerre pour en finir.

Les discussions n'avaient cependant eu qu'un caractère très abstrait, lorsque, le 2 janvier 1915, le « Foreign Office » reçut de l'ambassadeur britannique à Petrograd une demande, adressée par les autorités militaires russes à lord Kitchener, de préparer une démonstration navale ou militaire contre les Turcs, afin d'alléger la pression supportée par les troupes russes du Caucase.

Lord Kitchener répondit dès le lendemain, promettant de faire une démonstration, mais en exprimant des doutes sur son efficacité. Il demandait cependant le même jour à M. Churchill si la marine ne pourrait pas faire une démonstration aux Dardanelles. Il lui exposait qu'il n'avait pas de troupes à débarquer en quelque endroit que ce soit, pour répondre au désir de la Russie ; qu'il lui paraissait, en conséquence, que le seul point où l'on pourrait agir, pour empêcher les Turcs de renforcer leurs effectifs du côté du Caucase, était celui qu'il indiquait, mais qu'il ne pourrait donner de concours important que dans quelques mois.

A partir de ce moment, le Premier Lord de l'Amirauté s'oriente nettement vers l'action ; il déclare au « War Council » que les avantages de la possession de Constantinople sont tels qu'il considère qu'il faut accepter les vues exposées dans le rapport du lieutenant-colonel Hankey concernant les opérations contre la Turquie, que son plan est d'une importance si vitale et si impérative que la réalisation en est absolument urgente.

Dès le 3 janvier, il donne des instructions à l'amiral sir Henry Jackson, membre de l'état-major de l'Amirauté, pour étudier l'opération, et il télégraphie, le même jour, à l'amiral Carden, commandant des forces anglaises en Méditerranée, pour lui demander « s'il est d'avis qu'il est possible de forcer les Dardanelles en employant simplement des navires ». « L'importance des résultats, ajoute-t-il, justifierait des pertes sérieuses. »

L'amiral Carden lui répond, le 5 :

« Je ne pense pas que les Dardanelles puissent être enlevées par surprise ; mais elles peuvent être forcées par des opérations étendues, avec un grand nombre de navires. »

Le 6, M. Churchill informe l'amiral Carden « que les autorités supérieures sont du même avis que lui, et le prie d'envoyer des renseignements détaillés indiquant quelles forces seraient nécessaires pour des opérations étendues ». Il lui demandait, en outre, « son avis sur la manière dont elles devraient être employées et quel résultat on pouvait obtenir ».

De quelles autorités supérieures était-il question?

L'amiral Carden a déclaré, dans l'enquête, que, pour lui, c'était lord Fisher, sir Jackson et l'amiral Oliver. Or, le premier n'avait pas été consulté et les deux autres devaient faire les plus expresses réserves.

On trouve celles de l'amiral Jackson dans le memorandum qu'il avait déposé le 5 janvier pour répondre à l'ordre qui lui avait été donné le 3, et où, après avoir fourni de minutieux détails sur les forces nécessaires et les pertes à encourir, il fait, sur les suites de l'entreprise, les observations suivantes :

« En supposant l'escadre ennemie détruite et les batteries enlevées par surprise, les navires forçant les Dardanelles seraient soumis au feu de l'artillerie de campagne et de l'infanterie, et aux attaques des torpilleurs pendant la nuit, sans bâtiments-magasins pour les ravitailler en munitions et sans pouvoir opérer leur retraite sans engager de nouveau le combat avec les batteries de terre, à moins qu'elles n'aient été détruites lors du forcement du passage.

« Quoiqu'ils puissent dominer la ville et infliger des pertes considérables, leur situation ne serait pas enviable, à moins qu'il n'y ait des forces militaires importantes pour occuper la ville.

« Au point de vue stratégique, une telle diversion ne devrait être effectuée que si le but à atteindre compensait les pertes que la flotte aurait à supporter en forçant le passage.

« La prise de Constantinople compenserait une perte très importante, mais le bombardement seul n'aurait pas grande influence sur les opérations militaires éloignées, et, même si la ville se rendait, elle ne pourrait pas être occupée et maîtrisée sans troupes, et il en résulterait probablement un massacre général. »

Il est difficile de voir là un avis favorable aux opérations que le télégramme du 9, de l'amiral Carden, répondant à celui qui lui avait été envoyé le 6, précise ainsi :

« Quatre opérations successives sont possibles :

« *a*) La destruction des défenses de l'entrée des Dardanelles ;

« *b*) Action à l'intérieur des Détroits pour détruire les défenses, jusques et y compris Képhez-Point ;

« *c*) Destruction des défenses des Détroits ;

« *d*) Dragage d'un passage libre à travers les champs de mines et avance à travers les Détroits, suivie de la réduction des forts plus au delà, et avance dans la mer de Marmara.

« Un mois serait nécessaire pour mener à bien ces opérations. »

Ce fut le plan sur lequel les membres du groupe de guerre de l'Amirauté eurent à discuter.

Les opinions émises n'ont pas été consignées par écrit ; il est donc impossible de les rétablir d'une façon précise, mais il est certain qu'il n'y eut pas un accord parfait dans le sens d'un avis favorable, si l'on en juge par les diverses dépositions faites devant la Commission d'enquête.

Le Premier Lord naval, l'amiral Fisher, dit qu'« instinctivement il était contre le projet et que, l'ayant exprimé dans une note, il s'en était désintéressé ». L'amiral sir Henry Jackson rappelle « qu'il ne s'en est occupé que par ordre, pour en étudier l'exécution dans la mesure du possible, mais qu'il avait donné sa pensée dans sa note du 5 janvier ; qu'il était toujours resté fidèle à la façon de voir qu'il y avait exposée, que ce serait folie d'essayer d'entrer dans la mer de Marmara sans que nos troupes se soient emparées de la péninsule de Gallipoli ou que tous les canons, des deux côtés des Détroits, aient été détruits. Il n'avait jamais modifié son opinion et n'avait jamais donné motif à qui que ce soit de penser qu'il l'avait modifiée ».

Le vice-amiral Oliver, chef de l'état-major de guerre pour l'artillerie, déclare « que son opinion avait toujours été que l'on pourrait faire des progrès jusqu'à un certain point, au moyen d'une attaque navale, mais que l'étendue de ces progrès dépendrait de la résistance opposée par l'ennemi et de l'état de ses défenses, et qu'il aurait préféré ne pas faire de démonstration dans cet endroit, jusqu'à ce qu'il ait été décidé de faire une grande attaque militaire et navale ».

C'est ensuite le commodore Bartolomé, secrétaire naval de M. Churchill, qui vient dire que « son avis avait toujours été en faveur d'une opération combinée ; qu'il pensait bien que, si les Dardanelles étaient attaquées par des forces purement navales, une certaine partie, probablement plus de la moitié, pourrait passer, mais qu'il ne voyait pas, après, ce qui pourrait être fait ». Et, enfin, l'amiral de la flotte, sir Arthur Wilson, déclare « n'avoir jamais recommandé le plan ; que s'il ne s'y était pas opposé d'une manière énergique, c'était parce qu'il ne lui appartenait pas de le faire ; mais qu'il était contre, d'après ce qu'il en avait étudié, parce que la question des Dardanelles ne lui avait jamais été présentée d'une manière bien définie ».

Les doutes si concordants de tous les marins de l'Amirauté étaient certainement de nature à embarrasser M. Churchill, mais, dominé comme il l'était par la pensée qu'une action immédiate était une nécessité politique à laquelle on ne pouvait se soustraire, que l'on ne pouvait espérer obtenir aussi vite qu'il l'aurait fallu des troupes en nombre suffisant pour une opération combinée, et que, d'autre part, l'action projetée ne pourrait pas aboutir à un désastre, si on la conduisait de façon à pouvoir l'arrêter à tout moment en cas de difficultés, il fit décider, le 13 janvier, par le « War Council », que « l'Amirauté devait faire les préparatifs d'une expédition en février, ayant pour but de bombarder et de s'emparer de la péninsule de Gallipoli, avec Constantinople comme objectif ».

C'est sur cette formule que furent mis en mouvement tous les rouages de l'Amirauté, et que, huit jours après, le gouvernement britannique prévenait la France, le 20, par l'intermédiaire de son attaché naval à Londres, de sa détermination.

Est-il exagéré de dire qu'elle ne reposait pas sur des données tellement fermes que si, au moment où M. Augagneur est venu à Londres, il s'était fait accompagner par un conseiller technique comme l'amiral Aubert, dont les vues étaient en si complet accord avec celles de *tous* les amiraux anglais, il se fût conclu des arrangements d'un tout autre genre que celui consacré par la lettre du 27 janvier, qui nous mettait complètement hors de cause et qui donnait à M. Churchill un argument décisif pour obtenir, le 28 janvier, du « War Council », une décision dont les conséquences apparurent immédiatement si graves que les objections s'élevèrent en foule au moment de l'exécution.

Le gouvernement britannique ayant décidé d'agir le 17 février, le bombardement avait commencé le 19, mais, dans la première quinzaine de ce mois, il s'était déjà fait un tel revirement dans les esprits, que l'Amirauté avait cru devoir envoyer à l'amiral Carden un nouveau memorandum de sir Henry Jackson, dans lequel celui-ci exprimait des doutes sérieux sur les chances de succès de l'opération purement navale, et amorçait l'idée d'une coopération importante de forces militaires.

« On ne doit jamais perdre de vue les préparatifs de forces militaires nécessaires pour permettre de recueillir les fruits de cette lourde entreprise navale, y était-il dit. Les transports qui les amènent doivent toujours être prêts à entrer dans les Détroits dès qu'on aura vu que les forts ont été réduits au silence.

« Pour compléter cette destruction, des corps de débarquement importants, avec d'importantes forces de couverture, seront nécessaires.

« On estime qu'on ne pourra obtenir un complet profit de l'entreprise que par l'occupation de la péninsule par des forces militaires agissant en liaison avec les opérations navales, car la pression exercée par une forte armée de terre ennemie sur la péninsule non seulement nous harcèlerait beaucoup pendant nos opérations, mais encore rendrait le passage des Détroits impraticable, si ce n'est pour les navires puissamment armés, même si les défenses fixes avaient été réduites au silence.

« Le bombardement naval n'est pas recommandé comme une bonne opération militaire, à moins que des troupes importantes ne soient prêtes à le seconder dans l'opération ou que, tout au moins, elles le suivent immédiatement après que les forts ont été réduits au silence. »

L'idée d'une coopération des troupes avait tellement fait son chemin, que, le jour même où l'amiral Jackson déposait son rapport, le « War Council » avait décidé d'envoyer le plus vite possible en Méditerranée la 29ᵉ division, qui avait été d'abord formée pour renforcer l'armée du maréchal French, en même temps qu'il ordonnait l'envoi de troupes d'Égypte, le départ des navires destinés à les transporter et le rassemblement des moyens de débarquement pour un corps de 50 000 hommes en tout endroit jugé nécessaire.

En vertu de ces instructions, les deux divisions d'Australie et de Nouvelle-Zélande, qui étaient en Égypte, furent prêtes à partir aux Dardanelles le 20 février, sous les ordres du général Birdwood ; des transports étaient préparés pour elles, ainsi que pour la 29ᵉ division et la division navale de la métropole, et, en outre, une division française était prête à embarquer à Marseille à la fin du mois.

Le général Birdwood, qui avait reçu l'ordre de se rendre aux Dardanelles le 23, pour conférer avec l'amiral Carden, avait avisé le maréchal Kitchener « qu'il n'espérait pas que la flotte puisse forcer les Détroits sans être aidée » et « que le caractère formidable des défenses de la péninsule de Gallipoli rendait nécessaires des opérations militaires plus importantes que celles prévues jusque-là ».

Le 10 mars, lord Kitchener, répondant à ces vues, annonçait au « War Council » qu'il pourrait disposer, en vue d'une attaque sur Constantinople, sous la seule réserve de transports disponibles, de 128 700 hommes de tous grades, 298 canons et 35 784 chevaux.

C'était un développement inattendu et, disons-le, fort heureux, des projets du 28 janvier que M. Augagneur avait trouvés « sages et prévoyants », mais, si cela démontrait une sérieuse volonté d'agir dans des conditions rationnelles, on ne la voyait pas doublée de l'esprit de coordination nécessaire entre les autorités militaires et navales pour l'élaboration du plan qui aurait dû en être la conséquence. Il semble bien qu'il n'en eût pas été de la sorte si, au lieu de nous livrer pieds et poings liés sans avoir même le droit de donner notre avis, on avait laissé à notre état-major général la possibilité d'apporter à l'Amirauté le concours des expériences si largement développées dans les conférences de notre École supérieure sur les opérations combinées (1).

(1) L'auteur se permet de rappeler ici la conférence qu'il a faite sur les opérations combinées, en avril 1900, devant les professeurs et élèves des Écoles supérieures de guerre et de la marine réunies, et dans laquelle il avait tiré des leçons de l'histoire les règles indispensables pour ce genre d'action.

V

L'ATTAQUE NAVALE DU 18 MARS
ET SES SUITES

Malheureusement, rien ne devait résister aux impatiences du Premier Lord. Au moment où le ministre de la guerre lui offrait une si large coopération militaire, qui méritait d'être prise en sérieuse considération, mais qui nécessitait, pour être utilisée, des délais qui certainement parurent trop longs à M. Churchill, celui-ci informait le « War Council », avec un optimisme qui paraîtra certainement fort exagéré après ce que nous avons exposé des vues de ses principaux membres, que « l'Amirauté croyait encore que le passage des Dardanelles pourrait être effectué par les moyens navals seuls ». Il voulait bien ajouter, cependant, «qu'elle était heureuse de savoir qu'une aide militaire serait mise à sa disposition, si le besoin s'en faisait sentir », mais il ne mit que plus d'empressement à hâter le forcement des passes, sans se préoccuper de l'usage des forces militaires mises à sa disposition, et qui, en partie, étaient déjà sur les lieux.

Dès le 11 mars, c'est-à-dire le lendemain, il envoyait au commandant des forces navales anglaises un télégramme qui, malgré certaines réserves ayant visiblement pour but de laisser à celui-ci la responsabilité de la décision finale, manifestait le désir qu'elle ne fût pas trop retardée. L'amiral Carden était trop engagé par toutes ses communications antérieures pour le faire, et sa réponse fut : « que l'on était au point où une action vigoureuse soutenue était nécessaire pour le succès ».

Une fatalité de plus voulut que le chef qui avait tout préparé tombât si gravement malade à ce moment, qu'il dut abandonner son commandement. C'était le 16. Son second, l'amiral de Robeck, désigné immédiatement pour le remplacer et prié de donner « son avis personnel et indépendant » sur les ordres adressés à son ancien chef, exprima, le 17, « sa pleine approbation des opérations ordonnées ».

La grande attaque commença le 18 mars... et se termina le même jour ! L'habileté et la vaillance des marins n'avaient pu suppléer aux défauts d'une entreprise qui ne pouvait réussir — tous les techniciens n'avaient cessé de le dire — que sous la forme d'une opération combinée, exécutée simultanément par terre et par mer, préparée avec le plus grand soin.

La nouvelle de l'échec parvint le lendemain à l'Amirauté, qui autorisa immédiatement l'amiral de Robeck à continuer les opérations s'il le jugeait opportun ; mais celui-ci, qui, après une conférence tenue le 23 avec le général Ian Hamilton, commandant des troupes, s'était rallié à la nécessité d'occuper la péninsule de Gallipoli avant tout nouvel effort naval, télégraphia à son gouvernement « qu'une opération décisive vers le milieu d'avril paraissait préférable aux grands risques qui seraient encourus par des demi-mesures ».

L'attaque navale fut donc abandonnée, mais non sans résistance de la part de M. Churchill, qui a fait, de la séance dans laquelle la décision fut prise (1), la narration suivante :

« Je proposai de conseiller à l'amiral de renouveler l'attaque navale suivant sa première intention. Le Premier Lord naval, cependant, ne fut pas de cet avis, ni sir Wilson, non plus que sir Henry Jackson. Lord Fisher fit observer que, jusqu'à présent, il ne s'était pas opposé à ce que l'on continuât l'entreprise, parce qu'elle était soutenue et recommandée par le commandant qui était sur place, mais, maintenant que l'amiral de Robeck et sir Ian Hamilton avaient décidé d'une action combinée, nous devions accepter leur façon de voir. Je ne blâme nullement lord Fisher de cette décision. Les arguments en sa faveur étaient évidemment très solides.

« Le premier ministre et M. Balfour, avec lesquels j'avais discuté la question, inclinaient dans mon sens, mais, comme nos conseillers professionnels et l'amiral, qui étaient sur place, étaient d'un avis différent du mien, il était impossible d'aller plus loin, et je m'inclinai devant leur décision, mais avec regret et anxiété. »

Nous devons rendre à M. Churchill cette justice qu'il a suivi jusqu'au bout, et même au delà, avec une inébranlable ténacité, sa pensée d'attaque navale de vive force contre les Dardanelles ; il y avait foi. Mais, si la foi dans le succès est un précieux élément de réussite, encore faut-il qu'au lieu de n'être que d'inspiration vague, elle s'appuie sur ces réalités inéluctables dont les techniciens savent que l'on n'a pas le droit de s'affranchir.

(1) Séance du 23 mars du groupe de guerre de l'Amirauté.

Les avis concordants de tous ses conseillers de l'Amirauté, qui n'avaient pas attendu jusqu'au 23 mars pour se manifester, auraient dû l'éclairer et lui faire comprendre que, même dans ceux de l'amiral Carden, qui, seul, le suivait, il y avait des prudences que sa situation de chef militaire ne lui permettait pas d'exprimer trop nettement, de peur d'être taxé de timidité, mais qui auraient dû modérer, s'il leur avait appliqué leur juste coefficient, un optimisme trop prompt à s'affranchir de tout ce qui le gênait.

Dès le 19 mars, le général Ian Hamilton avait télégraphié à lord Kitchener :

« Je n'ai encore reçu aucun rapport sur l'action navale, mais, d'après ce que j'ai réellement vu de la tentative extrêmement hardie opérée hier, je me trouve amené, très à regret, à la conclusion qu'il est encore moins vraisemblable qu'on arrive à forcer les Dardanelles à l'aide de cuirassés qu'il n'avait paru tout d'abord, et que, si l'armée doit y participer, ses opérations ne pourront pas prendre la forme auxiliaire prévue primitivement.

« La participation de l'armée ne s'affirmera pas par des débarquements de détachements chargés de la destruction des forts, etc., mais plutôt par une opération militaire délibérée et progressive, exécutée en force pour appuyer le passage de la flotte. »

Lord Kitchener répondit aussitôt :

« Vous savez que, selon moi, le passage des Dardanelles doit être forcé, et si de grandes opérations militaires de l'armée sont nécessaires dans la péninsule de Gallipoli pour s'ouvrir le chemin, ces opérations doivent être entreprises après un examen sérieux des défenses locales, et doivent être menées à bonne fin. »

Les idées du général Ian Hamilton furent acceptées par l'amiral de Robeck, qui adressa à l'Amirauté, le 26, le télégramme suivant :

« L'échec du 18 mars n'est pas, selon moi, décisif ; mais j'ai rencontré le 22 le général Hamilton, qui m'a fait part de ses vues, et je crois maintenant que, pour obtenir des résultats importants et réaliser l'objectif de la campagne, une opération combinée sera indispensable. »

Cette communication, a dit M. Churchill dans l'enquête, « entraînait un changement complet de plan et était une décision vitale ». Ce fut, en effet, le point de départ de la nouvelle phase dans laquelle allait entrer l'expédition un mois plus tard, délai demandé pour sa préparation par ceux qui devaient la conduire.

Nous en esquisserons sommairement le développement, en suivant nos marins et nos soldats dans la part qu'ils y ont prise.

VI

LA COOPÉRATION FRANÇAISE AUX DARDANELLES

Bien que nous n'ayons eu à jouer, dans l'expédition, que le rôle passif et secondaire accepté, le 27 janvier, par M. Augagneur, nos états-majors, nos équipages y ont fait grand honneur à leur pavillon, et nous ne pouvons le passer sous silence, pas plus que ceux de leurs camarades de l'armée de terre qui y ont accompli une tâche si ingrate, mais d'autant plus glorieuse.

L'affaire que les Anglais ont eu raison d'appeler une « splendide déconvenue », pour souligner la vaillance si mal utilisée de tous ceux qui y ont pris part, s'est déroulée péniblement en cinq périodes : la première allant du 18 février 1915, date du début des opérations, jusqu'au 18 mars ; la seconde, du 18 mars au 25 avril, jour du débarquement du corps expéditionnaire ; la troisième, du 25 avril au 6 août, où a lieu le débarquement de renforts anglais dans la baie de Souvla ; la quatrième, du 6 août au 25 décembre, pendant laquelle sont faites des tentatives désespérées pour la garde des terrains conquis, et la cinquième, enfin, allant du 20 décembre 1915 au 8 janvier 1916, période finale pendant laquelle s'opère le réembarquement des troupes et de leur matériel.

Pendant la première, l'œuvre de nos marins fut extrêmement brillante. L'amiral Guépratte cite, à maintes reprises, dans ses rapports, les témoignages d'estime et les félicitations qui leur sont adressés par l'amiral Carden, au sujet de leur activité et de la précision de leurs tirs. C'est une succession incessante de travaux de dragage, sous la protection du feu de nos navires de haut bord, et de reconnaissances dont la seule vraiment intéressante, parce qu'elle dénote une arrière-pensée de l'amiral Carden, fut celle effectuée le 1er mars dans le golfe de Saros, par nos bâtiments accompagnés de quelques navires anglais, pour se rendre compte des possibilités d'agir vers Boulaïr. Le résultat de cette opération est consigné dans un rapport de l'amiral Guépratte, ainsi qu'il suit :

« Les forts des lignes de Boulaïr ne sont pas armés. Il n'y a pas de mines ou, du moins, nous n'en n'avons pas trouvé dans le golfe. Deux points de débarquement semblent convenables, Gaba-Tépé et le cap Saros. »

Cette reconnaissance devait rester sans lendemain. Nous avons dit de quelle manière les événements s'étaient précipités, comment avait été décidé le forcement des Détroits, sans concours du côté de la terre, pour le 18 mars, bien que le commandement supérieur ne fût passé que depuis la veille des mains de l'amiral Carden, tombé malade et immédiatement parti pour Malte, à celles du contre-amiral de Robeck, pourvu pour la circonstance d'une commission de vice-amiral.

Le 17, le nouveau commandant de la flotte anglaise avait envoyé à l'amiral Guépratte un memorandum résumant les instructions relatives à l'attaque fixée pour le lendemain, et un ordre du commandant de la division navale française confirmait et complétait, pour ses bâtiments, les prescriptions contenues dans le memorandum, en fixant pour chacun d'eux le rôle qui lui était assigné.

Le ministre de la marine avait été avisé du changement de commandant par notre attaché naval, qui lui avait adressé un télégramme, par ordre de l'Amirauté, le 17, à 2 h. 50, à peu près en même temps qu'un télégramme de l'amiral Guépratte, parti de Malte à 3 h. 5, arrivé à Paris à 7 heures du soir, lui faisait connaître l'imminence de l'opération en ces termes :

« Dragage continue, attaque à fond contre Chanak se prépare. »

L'attaque commença, en effet, le 18, à 11 heures du matin, par un tir à bonne distance des navires anglais *Queen Elisabeth*, *Inflexible*, *Agamemnon* et *Lord Nelson*, sur les forts des Détroits, pendant que le *Swiftsure* et le *Prince George*, bâtiments flanqueurs, tiraient sur les batteries secondaires des côtes d'Asie et d'Europe, d'où ils furent accueillis par un feu très nourri d'obusiers et de canons de campagne mobiles dissimulés à terre.

A midi et demi, la division française, composée du *Suffren*, du *Gaulois*, du *Charlemagne* et du *Bouvet*, avança dans le Détroit pour attaquer les forts à plus courte portée, le *Gaulois* et le *Charlemagne* sur la côte d'Europe, le *Suffren* et le *Bouvet* sur les côtes d'Asie.

Les forts des Détroits furent atteints par le feu des dix bâtiments, mais ceux-ci furent touchés plusieurs fois.

A 13 h. 25, tous les forts cessèrent de tirer et les bâtiments de relève reçurent l'ordre d'entrer dans le Détroit.

A 13 h. 40, le feu des forts paraissant éteint, la division française reçut l'ordre de l'amiral de Robeck de se retirer en arrière. Au moment où elle effectuait ce mouvement, à 13 h. 54, le *Bouvet* heurta une mine dérivante et coula en moins de trois minutes. Le *Suffren* et le *Gaulois* avaient éprouvé, par suite du feu, de graves avaries. Ce dernier parvint à sortir du Détroit et à s'échouer sur une partie sablonneuse de l'île Drepano, et le *Suffren* alla mouiller dans le voisinage, au nord de Phido.

A 14 h. 30, les navires de relève, ayant pris leurs postes dans le Détroit, ouvrirent le feu sur les forts, qui ripostèrent. Les dragueurs de mines reçurent l'ordre d'avancer et de poursuivre le dragage. A 16 h. 9, l'*Inflexible* coula, ayant, lui aussi, touché une mine, et à 18 h. 5, ce fut le tour de l'*Océan*, qui ne put être maintenu à flot. Devant ces pertes, dues toutes à l'action des mines dérivantes semées par les Turcs, contre lesquelles on n'avait pris aucune précaution, si l'on en croit le communiqué britannique publié à l'occasion de cette affaire, l'amiral de Robeck ne crut ni pouvoir ni devoir poursuivre l'attaque.

La somme d'énergie et de vertus militaires qui s'était dépensée pendant un mois, autant sur les petites unités qui n'avaient pas hésité à se sacrifier pour rendre la route libre, que sur les navires de haut bord, l'avait été en pure perte ! Mais, si nous ne pouvons que le déplorer, du moins avons-nous le droit de proclamer très haut que, dans sa situation subalterne, la division navale française s'y était glorieusement dépensée.

C'est avec orgueil que nous enregistrons ici, à l'honneur de nos marins et de leur chef, l'amiral Guépratte, le télégramme suivant envoyé à Londres par l'amiral de Robeck :

« Je désire porter à la connaissance des Lords de l'Amirauté la manière splendide dont l'escadre française s'est comportée. Elle n'est aucunement troublée par ses lourdes pertes. L'amiral Guépratte l'a menée au feu dans une action rapprochée avec la plus grande bravoure. La conduite de la flotte alliée ne laisse rien à désirer. Officiers et marins sont tous ardents pour combattre de nouveau l'ennemi. »

Pour eux, l'honneur était non seulement sauf, mais accru. Nous n'en regrettons que davantage l'échec de leur superbe effort.

L'Amirauté ne pouvait rester sur un pareil échec. Elle voulut le réparer au plus vite, et elle s'arrêta, cette fois, à l'idée plus rationnelle d'une opération combinée dans laquelle nous allons voir apparaître une division de l'armée française, commandée par |le général d'Amade, qui était partie de Marseille et de Toulon au commencement de mars, qui était même sur les lieux au moment de l'attaque du 18, ainsi qu'une partie des divisions anglaises du général Ian Hamilton.

Mais là, comme pour la flotte, nous avions abandonné toute direction et tout contrôle. Le général d'Amade, qui n'avait reçu aucune instruction à son départ, était prévenu qu'il en trouverait à Moudros, et il n'en reçut pas d'autre que de se placer sous les ordres du général anglais. Il le fit le 16, et ce fut pour apprendre que rien n'était prévu pour l'armée de terre et que l'amiral de Robeck devait faire une attaque navale sans concours de troupes, le surlendemain.

Après l'insuccès du 18 mars, il reçut l'ordre du gouvernement français de se rendre à Alexandrie, avec le gros de sa troupe, pour attendre les événements, qui paraissaient devoir se développer sous la forme nouvelle d'une opération combinée dont la direction resterait réservée au commandant en chef anglais, l'amiral de Robeck.

Le 12 avril, le commandant de notre division navale des Dardanelles fut informé, par un memorandum à lui adressé par l'amiral de Robeck, des intentions anglaises. Il y est indiqué « que le but du nouveau plan est d'assurer la destruction des forts du Détroit et, par suite, la domination des Dardanelles, par une attaque combinée sur la presqu'île de Gallipoli ». Toujours d'après ce memorandum, « la marine devra porter son principal effort sur le débarquement du corps expéditionnaire et de ses soutiens successifs, jusqu'à ce que sa position soit assurée, et attaquer ensuite les fortifications avec le concours de l'armée ».

Le corps expéditionnaire anglais comprenait environ 50 000 hommes.

Le corps expéditionnaire français était d'environ 15 000 hommes, dont 12 000 étaient à Alexandrie, à 600 milles des points de débarquement, avec une avant-garde de 3 000 hommes à Trébuki-Skyros, à 110 milles seulement.

Le 20 avril, soit cinq jours avant la date du débarquement fixée au 25, sur la demande expresse de l'amiral Guépratte, cette avant-garde appareilla d'urgence de Trébuki-Skyros pour venir se mettre, avec ses transports, aux ordres du commandant de notre division navale. Suivant les indications du memorandum, 36 000 hommes du groupe anglais devaient être mis à terre sur deux plages voisines de Gaba-Tépé, à 30 kilomètres environ de la pointe occidentale de la presqu'île de Gallipoli et sur sa côte nord, les 14 000 autres débarquant sur les plages avoisinantes du cap Hellès et dans la baie de Morto, sur sa côte sud.

Le corps expéditionnaire français, avec ses 15 000

hommes et ses 32 canons, devait aborder à Seddul-Bahr, aussi sur la partie méridionale de la péninsule.

Trois diversions étaient prévues, l'une dans le golfe de Saros, près de Boulaïr, avec 2 000 soldats de marine, les deux autres, simples simulacres, dans la baie de Bézika et dans le golfe d'Enos.

Dès que l'amiral Guépratte eut pris connaissance du memorandum, il écrivit immédiatement à l'amiral de Robeck :

« L'expérience que j'ai acquise au cours des récents combats me permet d'affirmer que, si la côte asiatique n'est pas en notre pouvoir, la situation faite aux transports chargés de troupes, mouillés sous Hellès et Seddul-Bahr, sera rendue intenable par le feu des batteries de campagne et les obusiers. La baie de Morto est un point de débarquement fort accessible, mais elle est battue par de nombreuses batteries d'Asie et encombrée de bas-fonds rocheux. D'ailleurs, un tel choix, forçant les cuirassés à combattre des deux bords, me contraindrait à conserver à bord des équipages complets et, par suite, empêcherait la descente du corps de débarquement. »

L'observation était trop juste pour ne pas retenir l'attention du conseil des officiers généraux de terre et de mer tenu le 19 avril à bord de la *Queen Elisabeth*, sous la présidence du commandant en chef, le vice-amiral de Robeck, auquel assistaient, du côté anglais, les contre-amiraux Weymiss, Thursby, Stuart Nicholson et le commodore Keyes, le général commandant le corps expéditionnaire, sir Ian Hamilton, ainsi que les généraux Hunter, Birdwood, Brailt, Wailt, et, du côté français, le contre-amiral Guépratte et le général Masnou (1). Elle fut prise en considération. Mais on peut regretter qu'elle ait été la seule, car il n'est pas douteux que le danger souligné par le commandant de notre division navale et qu'il a bien fait de dénoncer, car, si l'on n'y avait pas paré, l'opération du débarquement sur la partie sud de la presqu'île de Seddul-Bahr se serait changée en désastre, le danger, disons-nous, devait survivre à l'opération du début.

La conception d'un débarquement éparpillé en petits paquets divers était déjà bien aventureuse, mais choisir, pour le faire, des plages plus ou moins commodes, n'ayant entre elles que des communications difficiles, et sans tenir compte, pour plusieurs d'entre elles, qu'en dehors des difficultés de front elles seraient prises de flanc par toute l'artillerie dont pouvait disposer l'ennemi à la côte d'Asie, distante seulement de quelques kilomètres, est une faute particulièrement déconcertante, dont la prudence de l'amiral Guépratte pourra déjouer les inconvénients pour le débarquement, mais qui pèsera lourdement sur toute la suite de l'entreprise.

L'objection si juste du chef de notre division navale ne fut prise en considération qu'au seul point de vue que, comme marin, il devait essayer de faire prévaloir ; on décida qu'on agirait à la côte d'Asie, mais seulement pendant le temps nécessaire pour protéger la mise à terre, sur la pointe d'Europe, du corps expéditionnaire, et

(1) Le général d'Amade, commandant la division française, était avec elle à Alexandrie, et ne devait arriver que le 23.

c'est lui que l'on chargea de l'exécution du projet qu'il avait suggéré. Les lignes principales en étaient résumées dans son ordre du 23 avril, commençant ainsi :

« Certaines fractions du corps expéditionnaire français doivent être mises à terre dans la région de Koum-Kaleh. Elles y prendront position pour empêcher l'ennemi d'y maintenir ou d'y établir des forces capables d'inquiéter le débarquement du gros du corps expéditionnaire qui sera mis à terre dans la presqu'île de Gallipoli. La division alliée placée sous les ordres de l'amiral Guépratte aura pour mission de préparer le débarquement des troupes françaises à Koum-Kaleh, et de les soutenir pendant toute la durée de leurs opérations jusqu'à leur réembarquement, qui se fera dès que les forces alliées auront pris position sur la côte d'Europe. »

La force mise à la disposition de l'amiral Guépratte pour cette opération ne comprenait qu'un régiment mixte, le 6e colonial, composé d'un bataillon blanc et deux bataillons de Sénégalais, avec une batterie de 75 et quelques soldats du génie, soit 2 800 hommes, commandés par le colonel Rueff. Elle devait exercer sa diversion sur Koum-Kaleh et Yeni-Sher.

Pendant que nous prenions pied à Koum-Kaleh, le 25, dans la matinée, les forces britanniques effectuaient leur débarquement à Gaba-Tépé et à l'extrémité de la presqu'île de Gallipoli, sous la protection de douze cuirassés anglais.

Les deux divisions d'Australiens et de Néo-Zélandais, fortes de 36 000 hommes, réussirent, malgré de très lourdes pertes, à prendre pied à Gaba-Tépé et à s'y

retrancher. Elles y resteront jusqu'à l'évacuation définitive, en janvier 1916.

Des deux débarquements tentés au nord-est du cap
Téké, un seul réussit. Les troupes désignées pour le
point le plus au nord ne purent s'y maintenir et durent
réembarquer le 26, dans la matinée, mais celles qui
avaient été désignées pour occuper le second point,
situé plus près du cap, purent s'y maintenir malgré de
très lourdes pertes, et même s'y établir définitivement,
après avoir résisté avec une vaillance extraordinaire
aux nombreuses attaques qui les avaient assaillies
pendant la nuit du 25 au 26.

. Entre le cap Téké et le cap Hellès, les troupes anglaises réussirent aussi à prendre pied et à se maintenir, malgré les terribles contre-attaques de la nuit.

C'est entre Seddul-Bahr et le cap Hellès que nos alliés
rencontrèrent les plus grandes difficultés. Ils s'y trouvèrent en présence de défenses formidables organisées
depuis un mois. Ils se tirèrent d'affaire grâce à l'inspiration particulièrement heureuse qui leur avait fait
aménager un transport, le *River-Clyde*, en une sorte de
cheval de Troie qu'ils amenèrent au rivage et dont ils
ouvrirent les flancs, dans la nuit du 25 au 26, pour permettre aux 3 500 soldats qu'il recélait de prendre pied
à terre dans l'obscurité, de progresser le long de la plage,
sous le château de Seddul-Bahr, d'occuper cet ouvrage et
de s'y maintenir malgré les attaques furieuses des Turcs.

Quant aux troupes débarquées dans la baie de Morto,
elles purent tenir malgré de rudes assauts jusqu'à la mise
à terre de la division française du général d'Amade, qui,

arrivée seulement le 23 d'Alexandrie, à Moudros, y avait été tenue en réserve par ordre du général Hamilton. L'avis de rallier lui avait été envoyé le 25 au soir ; elle débarqua sans grandes difficultés le 26, et fit d'un seul coup un bond de 6 kilomètres qui lui permit d'atteindre la limite dans laquelle le corps expéditionnaire devrait se mouvoir pendant les longs mois d'une expédition qui, mal entreprise et ayant rencontré dès le premier jour des difficultés qu'on n'avait pas prévues, devait devenir très onéreuse et rester sans résultat.

Si nous revenons au petit corps destiné à occuper la pointe d'Asie de Koum-Kaleh, nous le voyons mis à terre, dès le 25, à 9 heures et demie du matin, sous la protection du *Jauréguiberry*, du *Henri-IV*, de la *Jeanne-d'Arc*, du croiseur auxiliaire *Savoie* et du croiseur russe *Askold*, mais non sans difficultés, à cause du courant qui atteignait 3, 4 et 5 nœuds. Il progressa cependant sous le feu de nos navires, mais, violemment pris à partie par les batteries d'Achilleon et d'In-Tépé, il courait de tels risques, vu son faible effectif, devant des forces supérieures et toujours croissantes, que l'amiral Guépratte crut devoir offrir de laisser ses canots à la disposition du général d'Amade, qui répondit : « Lorsque nos soldats descendent en terre hostile, ils savent bien qu'ils devront y demeurer morts ou vifs ; dans ces conditions, vos embarcations sont inutiles, qu'elles retournent toutes à bord » ; ce qui fut fait.

Et elles s'y maintinrent en effet pendant les journées du 25 et du 26, non sans succès, puisque, dès le début de l'après-midi du 25, grâce au soutien du tir bien ajusté de la batterie de 75 et de celui, non moins précis, de la *Jeanne-d'Arc*, du *Latouche-Tréville* et de la *Savoie*, les Turcs fléchissent et s'enfuient vers le sud, laissant 600 prisonniers entre nos mains.

Dans l'après-midi du 26, le général d'Amade, agissant en conformité des ordres du général Hamilton, informa l'amiral Guépratte, la diversion française sur la côte d'Asie ayant pleinement réussi, puisqu'elle avait protégé le débarquement des troupes anglaises sur la côte d'Europe, que le maintien de nos troupes à Koum-Kaleh devenait sans objet et qu'il y avait lieu de les rembarquer pour aller rejoindre le gros du corps expéditionnaire français sur la presqu'île de Gallipoli.

L'opération, commencée dans le première obscurité, vers 8 heures du soir, protégée par les feux de tous les bâtiments, eut lieu à la plage de Koum-Kaleh et s'acheva dans la nuit dans de bonnes conditions. Elle était terminée le 27, à 4 h. 50 du matin. Tout le personnel et tout le matériel étaient à bord de nos bâtiments, y compris 600 prisonniers ottomans.

Et l'amiral Guépratte pouvait écrire dans son rapport :

« La diversion des forces françaises sur le littoral asiatique, les 25 et 26, est certainement une des plus dures, mais aussi une des plus glorieuses expéditions auxquelles ait pris part la marine française. »

Qu'il nous soit permis d'ajouter que, contrairement à ce qui s'était passé à la pointe de Gallipoli, l'opération s'était soldée par des pertes relativement minimes, en raison des risques qui avaient été courus, et que cela détruit la légende qui avait fait du débarquement à

Koum-Kaleh une affaire tellement désastreuse qu'elle avait motivé la disgrâce d'un de nos chefs militaires les plus distingués, le général d'Amade (1).

La manière dont les choses s'étaient passées de ce côté explique le regret exprimé par l'amiral Guépratte au moment où il a reçu l'ordre de ne pas s'y maintenir. Il avait senti, ce jour-là, que la voie la plus courte, la plus facile et la plus sûre vers le goulet de Chanack, qui était la clef des Dardanelles, était sur la côte d'Anatolie, et il y reviendra dans ses rapports ultérieurs. Il n'est plus douteux aujourd'hui qu'on y eût mieux employé l'héroïsme et la vaillance des soldats alliés, si largement dépensés pendant les journées des 25 et 26 avril pour la prise de possession de l'extrémité d'une presqu'île où ils n'avanceront jamais, à cause des difficultés du terrain, et dont ils ne sortiront que pour l'abandonner sans profit, après huit mois des plus durs sacrifices.

L'amiral Guépratte, comme le général d'Amade, allait quitter les Dardanelles. Celui-ci, rappelé en France « pour remplir une mission diplomatique », au commencement de mai, était remplacé par le général Gouraud, et l'amiral

____

(1) Le remplacement du général d'Amade, presque au lendemain de l'affaire de Koum-Kaleh, a pu donner quelque apparence de vérité à cette interprétation de son départ, qui est complètement inexacte. Il n'avait pris qu'une part très secondaire à l'opération, qui fut d'ailleurs un brillant et heureux fait d'armes, parce qu'il n'était arrivé qu'après le débarquement des troupes. Mais il est intéressant de souligner que cet officier général avait été déjà victime d'une erreur du même genre, commise plus ou moins volontairement, en août 1914, où l'on avait fait et laissé dire qu'il était responsable de l'évacuation un peu désordonnée de Mulhouse, alors qu'il n'avait jamais été en Alsace et qu'il commandait à cette époque une division de territoriaux à Lille.

quittait le commandement qu'il avait si brillamment exercé, par suite de combinaisons nouvelles résultant de la convention du 10 mai 1915, dont nous avons déjà parlé, signée entre la France, l'Angleterre et l'Italie, à la suite de l'entrée de celle-ci dans l'Alliance.

Il y était dit que quatre cuirassés anglais, appartenant aux forces placées sous les ordres de l'amiral de Robeck, seraient détachés dans l'Adriatique et remplacés dans le Levant par quatre cuirassés français, qui formeraient, avec nos bâtiments déjà réunis dans ces parages, une escadre commandée par un vice-amiral. Guépratte n'était que contre-amiral.

Le Premier Lord de l'Amirauté voulant, à la fois, rendre hommage à l'officier général que les Anglais n'avaient jamais cessé d'honorer, et conserver une collaboration dont ils avaient reconnu le prix, avait télégraphié, le 15 mai, à notre ministre de la marine :

« J'ose émettre l'espoir que le contre-amiral Guépratte, dont les qualités professionnelles ont excité la plus haute admiration dans notre flotte, pourra rester aux Dardanelles ; les avantages d'avoir la même équipe travaillant ensemble sont considérables. »

Ce vœu ne fut pas exaucé. La place qui était vacante dans notre cadre de vice-amiraux fut donnée à l'amiral Nicol, qui prit le 21 mai le commandement de la nouvelle escadre (1).

(1) Il est intéressant de signaler qu'au moment où M. Churchill faisait une proposition si flatteuse, les bruits les plus fâcheux couraient, au ministère de la marine, sur l'état mental de l'amiral Guépratte, à ce point que M. Augagneur crut devoir demander l'avis du commandant en chef de l'armée navale à ce sujet. Nous sommes heu-

Au moment où il dut résigner sa charge, l'amiral Guépratte adressa au commandant en chef de l'armée navale un rapport des plus intéressants, dont il convient de relever les dernières phrases, qui sont comme le testament de sa clairvoyance.

« Tout en embrassant la période comprise entre le 25 avril et le 21 mai, y est-il dit, ce rapport a visé particulièrement l'opération de guerre la plus saillante dévolue à la marine française des Dardanelles, la diversion opérée sur Koum-Kaleh-Yeni-Sher. Cette occupation d'un tout petit coin du littoral d'Anatolie était forcément temporaire. Tout nous y contraignait à ce moment, à commencer par ce fait que l'entreprise, très osée, avait été confiée à une poignée d'hommes.

« La brigade Rueff comptait tout juste 2 800 fusils, et lorsqu'elle se rembarqua, après quarante heures d'une lutte épique, elle se trouvait réduite de 800 hommes, dont 200 tués, 600 blessés et une vingtaine de disparus. D'autre part, le gros de la petite armée alliée avait à faire tête à assez d'obstacles dans la presqu'île de Gallipoli, pour ne point compliquer les choses à plaisir.

« Mais, depuis, le temps a marché, la situation s'est nettement dessinée.

« Dans ces conditions, amiral, je croirais manquer à mon impérieux devoir si, au moment de résigner mon commandement, je ne venais vous déclarer ce qui suit,

reux de constater que l'amiral de Lapeyrère fit complète justice de ces propos calomnieux, mais trop tard pour qu'il fût donné satisfaction, en temps utile, à l'officier général qui avait fait si grand honneur à la marine. Il ne fut promu que le 18 octobre.

en vous demandant de vouloir bien, si vous le jugez convenable, en faire part au gouvernement de la République : *Il est de toute urgence de prendre pied sur la côte d'Anatolie, à titre permanent, et par la mise à terre d'un corps d'armée à Koum-Kaleh ou à Bésika.*

« LE SUCCÈS EST A CE PRIX.

« Il importerait aussi d'organiser un front de mer sur le littoral de la presqu'île de Gallipoli.

« *Signé* : GUÉPRATTE. »

Testament qu'eût certainement homologué le général d'Amade, qui, lorsqu'il fut désigné pour commander les troupes dirigées vers le Levant, croyant qu'il aurait à prendre la direction des opérations, avait préparé son plan d'attaque par la côte d'Anatolie, et qui devait l'être par le général Gouraud et l'amiral Nicol, qui, dès leur arrivée, aperçurent les impossibilités devant lesquelles se trouvait le corps expéditionnaire débarqué à l'extrémité de la péninsule. Mais nous avions abandonné d'avance tout droit d'intervention dans les conseils de l'expédition, que la ténacité de nos alliés devait leur faire poursuivre jusqu'à l'échec de la dernière tentative faite, les 6 et 7 août, dans la baie de Souvla, avec l'intention d'isoler les contingents turcs que nous avions devant nous, à l'ouest, des renforts pouvant leur venir de l'est. L'opération, extrêmement audacieuse, puisqu'elle plaçait le corps de débarquement entre deux feux, commença par un succès. Les troupes furent mises à terre sans résistance. Mais, dès le lendemain, elles se trouvèrent prises dans l'étau dont elles avaient voulu briser la charnière, et ce fut un désastre. L'effort décisif que comportait la grandeur des effectifs engagés avait échoué, et ne laissait que le regret qu'il n'eût pas été fait sur la côte d'Anatolie, avec le concours des contingents importants que nous préparions alors sous les ordres du général Sarrail, pour en finir avec une expédition si mal engagée sur un terrain particulièrement difficile où l'ennemi pouvait apporter, sur un front de quelques kilomètres à peine et contre des forces que nous ne pouvions accroître, la masse indéfinie de réserves toujours fraîches.

En fait, depuis le 26 avril, nous n'avions pu que garder la défensive.

Il en fut de même sur mer (1).

L'escadre qui avait été formée en mai et placée sous les ordres de l'amiral Nicol comprenait les cuirassés *Patrie, Suffren, Saint-Louis, Charlemagne, Jauréguiberry, Henri-IV*, avec le *Gaulois* comme vaisseau de remplacement; les croiseurs *Kléber, Montcalm, Dupleix* et *Bruix* leur furent adjoints.

Son rôle fut à peu près passif, par suite des apparitions chaque jour plus nombreuses des sous-marins ennemis qui

(1) L'amiral de Robeck, qui constatait sur place l'inanité des efforts accomplis sur la presqu'île, eut, paraît-il, la pensée de faire une attaque désespérée par mer. Au moment où il allait se séparer de l'amiral Guépratte, avec lequel il croyait pouvoir essayer de toutes les audaces, il lui demanda s'il s'associerait à un forcement des Détroits opéré de nuit. La proposition en fut faite à l'Amirauté qui répondit par ces trois mots : *No, too late.* « Trop tard » peut-être, mais ce fut le mot de la fin. Il n'y eut plus d'opération offensive.

l'obligèrent à prendre des mesures de prudence exceptionnelles.

Le cuirassé anglais *Goliath* avait été coulé le 13 mai par des torpilleurs, dans une attaque de nuit ; le 23, on avait aperçu un premier sous-marin dans le voisinage du cap Hellès. Le 28, le cuirassé anglais *Triumph* avait été torpillé et coulé à 11 heures du matin ; le 27, ce fut le tour du *Majestic*, coulé à 7 heures du matin au cap Hellès.

A la suite de ces pertes malheureuses, il fut décidé de ne plus employer, pour soutenir les mouvements de nos troupes, toujours harcelées par les coups venant de la côte d'Asie, que des destroyers ou des dragueurs armés de canons. On ne garda, à l'entrée des Dardanelles, que le nombre de cuirassés et de croiseurs strictement nécessaires pour tenir en échec, à l'occasion, les forces navales turco-allemandes. Les grands bâtiments furent immobilisés au mouillage intérieur de Moudros, sous la protection d'un barrage de filets et de patrouilles de petits bâtiments. On rétablit la base lointaine d'Alexandrie, et on y envoya tous les grands bâtiments de guerre et les transports dont le maintien n'était pas indispensable aux Dardanelles.

D'Alexandrie à Moudros, un service de vapeurs rapides et de tonnage modéré fut établi. De Lemnos au cap Hellès, le ravitaillement du corps expéditionnaire fut assuré par des chalands et des petits caboteurs, dont le déchargement s'opérait dans des conditions difficiles et dangereuses, et auquel on ne travaillait, à cause de cela, le plus souvent que la nuit.

Ces services secondaires prirent rapidement une telle

importance, que la flottille de ravitaillement fut définitivement organisée au mois d'août 1915, sous le nom de « division des bases », dont le commandement fut confié au contre-amiral de Bon.

Entre temps, les croiseurs de l'escadre effectuèrent le blocus de la côte d'Asie. Nous y perdions le *Casabianca*, au cours d'une opération de mouillage de mines.

Ce fut aussi l'époque des beaux *raids* de sous-marins dans la mer de Marmara, où les Anglais coulèrent un certain nombre de transports de troupes. Les tentatives des nôtres, quoique aussi hardies, furent moins heureuses ; successivement le *Joule*, en avril, le *Mariotte*, au milieu de juillet, la *Turquoise*, à la fin d'octobre, s'y perdirent.

Si cette période fut sans résultats glorieux, elle ne fut ni sans énormes fatigues ni sans périls, et l'on peut dire que, pendant toute sa durée, qui ne prit fin qu'au moment où, par suite des fautes initiales dans lesquelles nous n'avons eu aucune responsabilité effective, les Anglais renoncèrent à l'expédition, nos états-majors et nos équipages ont vaillamment fait leur devoir. Leur œuvre obscure s'est poursuivie au mieux, grâce à leur esprit de dévouement et de sacrifice, et aussi à l'excellente camaraderie des chefs, tant militaires que marins, des deux nations alliées, et l'on peut affirmer, sans crainte et en toute fierté, qu'au milieu de difficultés qui auraient pu paraître insurmontables, les officiers et les équipages des grands bâtiments, des torpilleurs, des dragueurs, des sous-marins et des transports, comme leurs frères de l'armée de terre et leurs camarades plus heureux de Dixmude, ont bien mérité de la Patrie.

Mais les événements allaient se précipiter.

Le 22 décembre, l'amiral Nicol était rentré en France pour raisons de santé (1), et avait été remplacé par l'amiral Dartige du Fournet, qui, appelé lui-même, le 15 octobre, au commandement de l'armée navale, passa la direction des affaires du Levant à l'amiral Gauchet.

VII

L'ABANDON DE L'EXPÉDITION

C'est au cours de ces mutations que se place l'événement considérable qui va amener la fin de l'action aux Dardanelles.

Après les tentatives infructueuses faites sur la péninsule de Gallipoli, l'idée française avait fini par s'imposer et de sérieux préparatifs avaient été faits en vue d'une action décisive qui, s'appuyant sur l'île de Ténédos comme base rapprochée, devait permettre de débarquer d'un seul coup, sur la côte d'Anatolie, un contingent important de troupes destinées à exécuter un *raid* sur Chanack, à 44 kilomètres de la base choisie, la clef, comme nous l'avons déjà dit, des Détroits.

C'était l'opération combinée rêvée, et elle semblait bien étudiée. Elle paraissait à tous les généraux et ami-

---

(1) L'amiral Nicol, qui avait été très fatigué par une carrière exceptionnellement active, est décédé en 1918. D'un jugement froid, mais très sûr, il m'avait écrit, quinze jours après son arrivée aux Dardanelles : « Il n'y a rien à espérer ici, dans la voie où nous y sommes engagés. »

raux présents sur les lieux comme la plus propre à en finir, et ils lui accordaient les plus grandes chances de succès.

C'est le moment que l'empereur d'Allemagne, toujours si bien informé et certainement inquiet, choisit pour se jeter sur la Serbie. L'histoire appréciera, et nous n'avons pas à devancer son jugement, s'il n'aurait pas mieux valu persister dans la voie qui semblait devoir nous conduire rapidement au but le plus important ; nous ne pouvons, ici, que constater que, le 22 septembre 1915, par suite de la nécessité, qui fut alors considérée comme primordiale, d'aller au secours des Serbes, l'escadre des Dardanelles fut partagée en deux, celle des Dardanelles proprement dite, appelée à préparer la liquidation de l'entreprise, désormais abandonnée, et celle de Salonique, qui allait concourir à l'œuvre nouvelle, conçue par les gouvernements alliés, de créer une base d'opérations de grande envergure au flanc des États balkaniques.

L'affaire des Dardanelles était close. Le 1er décembre, l'amiral Weymiss, de la marine britannique, remplaçait l'amiral de Robeck, et le 8, l'amiral Gauchet, alors absorbé par l'occupation de Salonique, prescrivait à l'amiral de Bon d'assurer le commandement supérieur des forces navales françaises stationnées à Moudros.

C'est à ce titre que cet officier général, qui avait donné tant de preuves de son intelligente activité pour assurer tous les transports et les ravitaillements du corps expéditionnaire français d'Orient, et qui avait préparé la base de Ténédos, eut à exécuter, avec le concours des chefs anglais, l'opération si délicate de l'évacuation définitive du cap Hellès et du territoire occupé dans là presqu'île de Gallipoli, décidée d'un commun accord par les Anglais et les Français, le 12 décembre 1915.

Cette évacuation, qui posait un des problèmes les plus redoutables de l'art naval, fut terminée le 10 janvier 1916.

Nous avions enlevé toutes nos troupes, sans pertes d'hommes, quatre mois d'approvisionnements, tout le matériel installé à terre, à l'exception de quelques pièces d'artillerie lourde usées par le tir et qu'on fit sauter avant de les abandonner, et nous eûmes à détruire également, après le réembarquement des Anglais, le port que nous avions créé à Seddul-Bahr. Le feu fut mis aux approvisionnements anglais qui restaient à terre.

« C'est ainsi qu'a pris fin, écrivait l'amiral de Bon dans son rapport, cette occupation de la presqu'île, qui a coûté tant de vies et où se sont dépensés, pendant neuf mois, de si généreux et de si considérables efforts. Quels que soient les avis que l'on puisse avoir sur les avantages ou les inconvénients de l'abandon de ce point, rendu inexpugnable par les énormes travaux qui y avaient été faits, les marins doivent conserver de Seddul-Bahr un réconfortant souvenir, car ils y ont dépensé, sans compter, de merveilleuses ressources d'énergie. Ils y ont montré, sans jamais se démentir, les plus beaux exemples d'abnégation et de bravoure, déployant tranquillement sous le feu de belles qualités professionnelles. Aussi ont-ils reçu de nombreux témoignages de l'estime de ceux qui les ont vus à l'œuvre. Malgré la modestie de leurs ressources, au regard de celles de leurs alliés, ils sont venus à l'aide de ceux-ci en maintes circonstances. L'amiral de

Robeck m'en a exprimé ses remerciements, et a envoyé, en outre, à l'amiral commandant l'ensemble des forces réunies dans le Levant, le télégramme suivant :

« 10 janvier 1916. — Amiral de Robeck à amiral *Patrie*, Salonique.

« Évacuation sud de la péninsule a été effectuée la nuit dernière avec succès et sans pertes. Conformément au plan, un petit nombre de canons ont dû être abandonnés, après avoir été détruits.

« Je tiens à vous signaler l'attitude au-dessus de tout éloge du détachement de marins opérant à Seddul-Bahr sous les ordres du capitaine de frégate Boisanger, et à vous remercier du précieux concours qu'ils ont apporté. »

Précieux concours ! Certes, et nous en avons trouvé la trace tout au long de cet exposé, par les témoignages que le commandant supérieur anglais n'a jamais ménagés à nos marins. Mais combien nous apparaît plus douloureux encore qu'on n'en ait voulu, et que nous ayons accepté de ne les donner qu'au second rang, là où, en vertu des conventions antérieures, nous devions avoir le premier.

Les titres que nous avions acquis lorsque, en 1854, marchant avec les mêmes alliés, mais en tête, nous avions amorcé l'expédition de Crimée, dans des conditions particulièrement difficiles, par un débarquement qui, à côté de celui de Sidi-Ferruch en 1830, restera inscrit dans l'histoire militaire comme un des plus beaux actes de notre génie particulier, nous permettent d'affirmer que nous méritions mieux que la situation créée par cette malheureuse lettre du 27 janvier 1915, nous mettant sans défense à la merci d'inspirations que nous n'avions même pas à discuter en commun. L'aveu des fautes reconnues officiellement, à plusieurs reprises, par le gouvernement anglais et par M. Churchill lui-même, dans la préparation et dans la poursuite de cette expédition malheureuse qui aurait pu donner de si beaux résultats, et même, peut-être, dénouer la guerre, si elle avait été rationnellement conduite, cet aveu, disons-nous, ne nous consolera jamais de la faillite de nos espérances les plus justifiées. Il est facile de déclarer aujourd'hui que c'était une folle entreprise, comme on l'a fait au sujet de l'attaque de Cattaro par le Lovcen, après ne l'avoir tentée qu'avec quelques malheureux canons de 12 et de 15 : toutes proportions gardées, les deux opérations, telles qu'on les a conduites, se valent.

L'idée initiale était excellente, et ce n'est pas parce que l'expédition des Dardanelles n'a pas réussi qu'on peut en condamner le principe. Il faut déduire, au contraire, de ce que l'on n'a pas fait pour tirer des circonstances le parti qu'on aurait dû, que ceux qui l'ont entreprise ou laissé entreprendre dans les conditions que nous croyons avoir mises en lumière, ont encouru, devant les alliés et les neutres, comme ils garderont devant l'histoire, de graves responsabilités.

La résistance de la Turquie sur terre avait les plus grandes chances d'être éphémère sur la partie du territoire qu'il fallait saisir par une attaque combinée, préparée avec tout le soin et exécutée avec la puissance que permet toujours la possession complète de la mer, et c'était le plus bel atout que nous eussions en mains. La faute capitale est de n'avoir eu, au début, d'autre pensée que de forcer une passe où, malgré les infériorités de la préparation ottomane, on devait rencontrer le maximum de ses possibilités et de ses moyens de résistance ; puis, lorsqu'on s'est décidé, trop tard, à une attaque par terre, d'avoir choisi pour débarquer, en tronçons qui ne devaient jamais se rejoindre, au lieu de le faire en une seule masse, le point de la côte où l'ennemi avait eu le temps d'accumuler de formidables moyens de défense, non seulement de face, mais sur la côte asiatique qui n'en était distante que de quelques kilomètres.

La façon dont les opérations furent entreprises et continuées les condamnait à l'insuccès ; il est malheureux que la lettre, si facilement acceptée, du 27 janvier n'ait jamais permis aux chefs militaires ou marins qui se sont succédé sur place, sinon de le dire, car ils l'ont fait, mais d'être entendus à temps. Nous n'aurions certainement pas perdu le prix de tant et de si beaux efforts qui, mieux utilisés, nous eussent permis d'atteindre du premier coup les buts que nous n'avons jamais cessé de poursuivre, parce qu'ils apparaissaient chaque jour plus indispensables, mais ailleurs et au prix de nouveaux sacrifices énormes.

CHAPITRE V

APRÈS L'ENTRÉE DE L'ITALIE DANS L'ALLIANCE

I

LE ROLE DIMINUÉ DU COMMANDANT EN CHEF

A la fin de notre chapitre III, concernant les opérations de l'Adriatique, nous avons laissé l'armée navale française au moment où elle venait d'être déchargée, par la convention du 10 mai, de la surveillance de cette mer intérieure désormais réservée à l'escadre italienne renforcée de quatre cuirassés anglais, de dix contre-torpilleurs et de huit sous-marins français, le tout placé sous les ordres directs du duc des Abruzzes.

Si l'amiral de Lapeyrère avait accepté avec la satisfaction que nous avons soulignée la situation toujours de plus en plus diminuée qui lui était faite, nous n'en constaterons pas moins avec un certain regret que l'entrée en ligne de l'Italie, qui apportait, à elle seule, un appoint naval supérieur aux forces autrichiennes, n'ait pas été le point de départ d'une action plus vigoureuse et n'ait servi *« qu'à mettre un terme à la croisière de nos cuirassés, en maintenant nos bâtiments toujours prêts à intervenir au premier signal »*.

A la convention du 6 août 1914, conforme au principe supérieur de l'unité de commandement si souvent invoqué pour la meilleure coordination des efforts, nous en voyons substituer une autre qui, après l'acceptation de la lettre du 27 janvier 1915 ayant déjà enlevé au commandant en chef toute action dans le Levant, va lui enlever encore toute action dans l'Adriatique, et, par une fortune singulière, c'est précisément le commandant en chef de la force principale, précédemment désigné pour les directions suprêmes, qui se trouve dépossédé d'une partie de ses moyens pour renforcer, d'une part, l'escadre anglaise de l'amiral de Robeck, qui devient l'escadre anglo-française des Dardanelles, et d'autre part, celle du duc des Abruzzes, qui sera dorénavant l'escadre italo-anglo-française de l'Adriatique. Chacune de ces deux escadres a une mission de front, définie par le gouvernement de celui qui la commande en chef, tandis que l'autorité de l'amiral de Lapeyrère, au point de vue militaire, n'a plus à s'exercer que sur le groupe de ses meilleurs cuirassés, mis en réserve en vue de la plus improbable des éventualités.

Par contre, on lui laisse toute la responsabilité des lignes de communication de l'arrière ; il n'est plus qu'une sorte de commandant de lignes d'étapes, mais dans des conditions d'autant plus défavorables, qu'on lui a enlevé, pour les mettre à la disposition *complète* des commandants en chef des fronts de bataille, la plus grande partie de ses bâtiments de flottilles, c'est-à-dire les moyens les plus essentiels pour rechercher et combattre les seuls adversaires à redouter, les sous-marins allemands, qui, précisément à ce moment, commençaient à apparaître dans la Méditerranée.

C'était, hélas ! l'aboutissement fatal de la politique maritime d'effacement et d'inertie ayant permis les empiétements qui s'étaient succédé depuis le 16 août 1914, et contre laquelle ni le commandant en chef, ni le ministre de la marine ne s'étaient défendus avec l'énergie que leur commandaient à la fois la valeur de notre puissance navale et notre situation politique dans la Méditerranée.

Nous en avons relevé la première manifestation dès le 16 août, où l'amiral anglais, s'affranchissant de la convention signée dix jours avant, rappelait toutes ses forces à l'entrée des Dardanelles sans même en donner avis au commandant en chef.

Un mois plus tard, à la fin de septembre, notre ministre de la marine y avait fait une brèche plus large encore, en prescrivant à l'amiral de Lapeyrère de détacher deux cuirassés et des torpilleurs, destinés à se joindre aux bâtiments de l'amiral Carden, à cause, disait-il assez naïvement, « de la nécessité de couvrir par une force navale supérieure l'escadre turque réorganisée et accrue du *Gœben* et du *Breslau*, afin de l'empêcher de forcer le blocus des Dardanelles et de venir gêner le transport des troupes arrivant de l'Inde ».

Le 2 novembre, toujours par ordre de notre ministre de la marine, notre concours était encore augmenté de quatre cuirassés, de sous-marins et de torpilleurs réunis en une division navale détachée sous les ordres d'un contre-amiral à la disposition du commandant en chef anglais.

Mais encore à ce moment déclarait-on qu'il ne s'agissait que d'une mesure transitoire subordonnée à la destruction du *Gœben* et du *Breslau*, tandis que la lettre concertée à Londres le 27 janvier 1915, dans laquelle l'Amirauté avait signifié sa volonté de faire une expédition aux Dardanelles, en ne nous offrant d'y concourir que sous la condition formelle de ne pas en revendiquer le commandement, était l'abandon définitif de toute prétention aux directions suprêmes définies par la convention du 6 août 1914.

De pareilles abdications successives appelaient tout naturellement celle du 10 mai 1915, qui ne laissait plus à l'amiral de Lapeyrère que la tâche ingrate, avec toutes ses responsabilités et peu de moyens, de surveiller les communications de l'arrière.

La suite des rapports du commandant en chef de l'armée navale française se ressent forcément de la faible importance de l'action qui lui était réservée.

Nous n'y trouvons plus que la série des comptes rendus bimensuels de mouvements sans importance militaire exécutés en vue d'exercices ou de réparations courantes, et il faut arriver au 4 octobre 1915 pour trouver des aperçus méritant d'être relevés, et qui se rapportent aux dangers que le développement de la guerre sous-marine allemande dans la Méditerranée fait courir à nos transports militaires et commerciaux.

II

LES SOUS-MARINS ALLEMANDS
EN MÉDITERRANÉE

Jusqu'au printemps de 1915, nous n'avions eu devant nous, de ce côté, que les sous-marins autrichiens, dont le rôle s'était limité aux confins de l'Adriatique ; mais, à partir du mois de mai, les flottilles allemandes, devenues chaque jour plus audacieuses, commencèrent à s'y montrer, et nous allons suivre leur action rapidement croissante.

Le premier sous-marin allemand se dirigeant de ce côté a été vu le 4 mai 1915, à 36 milles au nord-ouest des îles Berlingues, sur les côtes du Portugal. Le 6, en apparaissait un, sans doute le même, à 40 milles à l'ouest de l'île Alboran, où il fut poursuivi sans succès par un de nos torpilleurs.

Le 9 mai, à 17 heures, on en apercevait un à 30 milles de Malte ; à 18 heures, il y en a un à 30 milles au nord 60° ouest de Bizerte, et un autre en pleine mer Ionienne, à 100 milles du cap Spartivento, dans l'est-nord-est. Le même jour, enfin, il y en a un dans les parages de Las Palmas.

Le 11 mai, le *Carabinier* attaque sans succès un sous-marin à 10 milles au sud-est du cap Passaro, et un autre est aperçu à la pointe Zoukar (Malte). Le 13 mai, à midi, l'*Ernest-Renan* est attaqué sans succès à 3 milles du cap Bon. Le 18 mai, trois sous-marins sont vus au nord-ouest de l'île Caprera, près de l'île Alboran et devant le port de Saint-Jean-de-Medua. Le 20 mai, un sous-marin près de l'île Periscopi. Le 22 mai, un sous-marin dans le voisinage du cap Hellès.

Le 26, on en aperçoit un à l'embouchure de la Bojana.

Le 5 juin, plusieurs sont vus aux îles Egadi. Le 7 juillet, à 7 h. 25, il y a un sous-marin à 50 milles à l'est-sud-est de l'île Cabrera (Baléares), et à 6 h. 30 à 8 milles au nord-est du phare de Pena (Majorque), puis, un autre à 19 heures, entre Piombino et l'île Montechristo (côte d'Italie).

Le 15 juillet, à 15 heures, un stationnaire est attaqué à 2 milles au nord de Soloum.

Le 17 juillet, à 20 heures, un chalutier français attaque un sous-marin à 5 milles au nord du cap Krio.

Le 23 juillet, un périscope est aperçu, à 11 h. 30, à 15 milles au nord-nord-est du cap de Gate, route au sud-est.

Le 24, on le retrouve dans les eaux du même cap.

Le 25 juillet, il y a un sous-marin dans la rade de Cavallo.

Le 26, on en voit un dans le golfe de Rasocolino.

Puis rien en août, mais le mois de septembre est fertile en naufrages.

Le 1er, c'est le *Savona* (anglais) coulé par une mine à un demi-mille de Ship Wast ; le 4, le *Natol*, coulé à 30 milles à l'ouest de Cavdo.

Le 7, à 16 heures, un sous-marin est aperçu à 5 milles au sud de la pointe Cassandra.

Le 8, à 6 heures, l'*Indien* est torpillé au mouillage de

Rhodes ; à 13 heures, un sous-marin est vu à 20 milles au nord d'Alboran, et on en avait aperçu un autre, à 9 heures, près de l'île Standia, au large de Candie.

Le 9, à midi, un sous-marin était vu à 100 milles au nord de Philippeville, puis un autre à Benitsa (Corfou) ; à 14 h. 30, le vapeur *Aude* était canonné, puis coulé par un sous-marin autrichien, à 90 milles d'Oran ; à 17 h. 30, il en était de même de la *Ville-de-Mostaganem*, à 70 milles au nord 30° ouest de Mostaganem, et, enfin, le *Columbia*, vapeur anglais, était coulé à 70 milles au sud-est de Carthagène.

Le 10 septembre, à 8 heures, le vapeur anglais *Antilochus* était attaqué sans succès à 60 milles dans le sud-est d'Ivice ; le sous-marin qui l'avait attaqué était revu dans les mêmes parages vers 9 heures, et la *Mauretania* avait été attaquée, elle aussi sans succès, à 9 milles au sud de Moudros.

Le 14 septembre, le vapeur anglais *Patagonia* est coulé à 10 milles au nord-est d'Odessa.

Le 16 septembre, un transport britannique est poursuivi et canonné à 20 milles au sud-ouest de l'île Maritimo, à 9 h. 30, et on voit entrer à Cattaro, à midi, un grand sous-marin que l'on suppose être celui qui a coulé l'*Aude* et la *Ville-de-Mostaganem*, le 9.

Le 17, nous enregistrons le naufrage du *Capitaine-Chauvelon* et du *Ravitailleur*, torpillés au sud de la Crète.

Le 18, à minuit 45, le vapeur *San-Zeferino* (anglais) est coulé au large de Goodwin, par mine.

Le 20 septembre, à 14 heures, le charbonnier anglais *Dinkmoor* est coulé à 50 milles à l'ouest du cap

Matapan, et le transport *Amazou*, à minuit, a le même sort près de l'île Cerigo.

A midi et midi 45, à la même date, on avait aperçu un sous-marin à 3 milles au nord de Majorque, et on en avait aperçu un autre à mi-chenal entre Bône et la Sardaigne.

Le 28 septembre, le pétrolier anglais *Henry* avait été canonné à 30 milles au sud-ouest de Cerigotto, et un sous-marin avait été vu près des Tres-Forcas.

Le 29, le vapeur anglais *Haydn* avait été torpillé au sud de la Crète, et le 30, le voilier *Gobia* avait été coulé à 30 milles au sud-ouest de Céphalonie.

En octobre, les coups redoublent.

C'est, le 1er, le charbonnier français *Provincia*, coulé à 8 h. 45, près de l'île Cerigotto.

Le 2, à 14 h. 15, le vapeur *Sainte-Marguerite*, coulé à 38 milles au sud de Matapan, et à 17 heures le vapeur *Arabian*, coulé dans les parages de Cerigo, puis le vapeur *Sailor-Prince*, coulé à 50 milles des îles Kaso.

Le 3, nous enregistrons la perte du vapeur italien *Cirène*, coulé à 60 milles au sud 83° ouest de la pointe de Cerigotto. Le transport anglais *Witby-Abbey* est torpillé le même jour, à 17 heures, mais sans succès, en route pour les Dardanelles.

On aperçoit, en outre, ce jour-là, deux sous-marins entre Rhodes et Samos.

Le 4 octobre, le vapeur anglais *Craigeton* est coulé près de Cerigo ; le vapeur français *Yunan* est torpillé à 21 milles dans le sud-ouest du cap Matapan, mais il continue à flotter.

Le 5 octobre, le charbonnier anglais *Bursfield* est coulé à 60 milles dans l'ouest de Cerigotto, et un sous-marin est aperçu devant Larnaka. Le 8, trois navires sont coulés : les charbonniers anglais *Silverack*, à 164 milles dans l'est de Malte, et *Souwlay*, à 220 milles, l'un à 6 heures, l'autre à 14 heures, et le vapeur grec *Dimitrios-Danilos*, dans la mer Ionienne.

Le 7 octobre, à 6 heures du matin, c'est le tour du transport français *Amiral-Hamelin*, coulé dans le sud de la mer Ionienne, en se rendant à Salonique.

La situation devenait d'autant plus inquiétante, que nous avions peu de moyens de nous prémunir contre des dangers si rapidement croissants, et que c'était pré-cisément le moment où l'expédition de Salonique, qui venait d'être décidée, nous obligeait à faire circuler un grand nombre de transports venant de France et d'Égypte.

III

LE MINISTRE S'INQUIÈTE, L'AMIRAL DE LAPEYRÈRE DÉMISSIONNE

Sous le coup d'une anxiété que tout le monde, d'ailleurs, éprouvait, M. Augagneur adresse, le 9 octobre, à 11 h. 40 du matin, au commandant en chef le télégramme sui-vant :

« Marine à *Amiral-Courbet*, Malte.

« *Primo*. — Pour transports troupes d'Alexandrie,

prenez dispositions afin d'assurer sécurité dans région dangereuse, sous votre responsabilité de commandant en chef.

« *Secundo*. — Il est regrettable que transports-ravitailleurs aient pu être canonnés par sous-marin en surface ; il semble que contre-torpilleurs, au lieu de chercher ennemis sans indication, devraient servir, avant tout, à protection des transports.

« *Tertio*. — Il y a lieu, pour vous, de fixer itinéraire et assurer surveillance par protection des transports, au retour comme à l'aller.

« *Quarto*. — Groupement des navires de transport vous appartient en mer, et vous pouvez donner ordres nécessaires. »

Ce télégramme, qui, dans la forme comme dans le fond, traduit un mécontentement certain de voir éclater à tous les yeux les conséquences d'une politique navale qui avait pu laisser la masse de l'opinion publique indifférente tant qu'elle ne se soldait que par des « manques à gagner », mais qui apparaissent tout à coup débordantes, par suite de tentatives audacieuses d'un adversaire toujours prêt à profiter des occasions qu'on lui offre, ce télégramme, disons-nous, amena, de la part du commandant en chef, la réponse suivante :

« 10 octobre 1915, 8 h. 10. — Mon état de santé ne me permettant pas d'assumer les responsabilités qui m'incombent dans les circonstances actuelles, j'ai l'honneur de demander au ministre de vouloir bien me relever du commandement de l'armée navale. »

Le même jour, le ministre de la marine adressait, avec

un empressement qui sera certainement remarqué, les trois télégrammes ci-après :

1° A 18 h. 30 :

« A l'amiral Dartige du Fournet, *Saint-Louis*, Moudros.

« Je vous annonce avec satisfaction que, sur ma proposition, le président de la République vous a nommé au commandement en chef de l'armée navale, en remplacement de l'amiral de Lapeyrère, relevé sur sa demande, pour raison de santé. Rendez-vous immédiatement à Malte avec *Saint-Louis*. Vous arborerez votre pavillon sur *Courbet*. Amiral Gauchet nommé au commandement escadre Dardanelles. En attendant son arrivée, amiral Guépratte exercera commandement par intérim. »

2° A 19 h. 20 :

« A amiral Gauchet, *Jeanne-d'Arc*, Port-Saïd.

« Vous êtes nommé au commandement escadre des Dardanelles, en remplacement de l'amiral Dartige, nommé commandant en chef de l'armée navale. »

3° A 21 h. 40 :

« A l'amiral de Lapeyrère, *Courbet*, Malte.

« Vu les circonstances et l'impossibilité que vous me signalez de conserver votre commandement, en raison de votre état de santé, le gouvernement a décidé, sur votre demande, de vous relever de votre commandement. Le vice-amiral Dartige du Fournet, nommé au commandement en chef de l'armée navale, reçoit ordre de se rendre immédiatement à Malte. Je vous demande attendre arrivée de votre successeur pour rentrer votre pavillon, la situation militaire ne permettant pas une interruption dans le commandement. Je vous remercie, au nom du gouvernement, des services éminents que vous avez rendus depuis quatre ans au pays, à la tête de notre principale force navale. Vous pouvez rentrer en France après avoir rendu votre commandement à votre successeur. »

Il est bien difficile de se méprendre sur la portée du geste de l'amiral de Lapeyrère.

Il suffit de lire sa correspondance pour se rendre compte qu'il se sentait absolument débordé par les événements qu'il n'avait pas prévus assez à temps pour s'en rendre maître, et aussi qu'en ce qui concerne la surveillance dont il portait la lourde responsabilité, il n'avait jamais trouvé au ministère, où l'on avait si mal compris la défense contre les sous-marins, l'appui qu'il croyait devoir demander, alors qu'il aurait dû l'exiger en chef responsable.

Le télégramme du 9 octobre, qui l'amena à prendre la détermination si grave d'abandonner volontairement son poste de combat parce que la charge lui apparaissait trop lourde, tombait au moment où il venait d'écrire deux lettres, le 4 et le 6, pour se plaindre au ministre de l'insuffisance réelle de ses moyens.

Lettres tardives, certes, mais qui n'en sont pas moins l'expression d'une situation qui, par la force des errements qui s'étaient établis entre le ministère et le commandement, apparaissait inextricable.

Celle du 4 octobre est tout entière consacrée aux difficultés dans lesquelles se débat le commandement pour assurer la protection des transports.

L'amiral de Lapeyrère y insiste pour qu'on lui donne

des petites unités dont le concours lui est absolument indispensable, dût-on les puiser dans les forces navales qui en disposent.

« Une dépêche du 22 septembre, écrit-il, nous donne six torpilleurs et des chalutiers pour la mer occidentale ; c'est bien, mais il y a aussi la mer orientale, et j'y ai très peu de ces navires.

« Dans la Manche, les forces françaises disposent, en dehors des défenses des ports, de deux escadrilles de torpilleurs et de 80 chalutiers. Aux Dardanelles, les forces anglo-françaises, placées sous les ordres de l'amiral de Robeck, comprennent 62 croiseurs légers, destroyers et torpilleurs, et 134 dragueurs, petits vapeurs et chalutiers, tandis que, pour toute la Méditerranée, moins l'Adriatique, l'armée navale ne possède que 27 croiseurs légers et torpilleurs, et 28 avisos, auxiliaires ou chalutiers. Lorsque les 6 torpilleurs et 10 chalutiers annoncés seront arrivés, nous n'aurons que 32 croiseurs légers et torpilleurs, et 38 avisos auxiliaires ou chalutiers, pour surveiller une surface de 2 millions de kilomètres carrés, avec des lignes de communication s'étendant sur 1 900 milles, et plus particulièrement la zone de l'Archipel, où fourmillent en ce moment les sous-marins ennemis. »

C'est un véritable cri d'angoisse et d'impuissance qui se prolonge à travers le rapport du 6 octobre, écrit quarante-huit heures plus tard, qu'il est inutile de reproduire en entier, mais dont nous devons relever cependant l'extrait suivant, qui montre à quel point le ministre de la marine était resté réfractaire aux mesures de protection qui lui avaient été demandées et recommandées avec instance, à la suite du profit qu'en avaient tiré les Anglais et nous-mêmes dans la Manche et dans la mer du Nord :

« Dans les parages de Cerigo et Cerigotto, *Sainte-Marguerite* et le charbonnier *Antonin* viennent d'être coulés coup sur coup, l'*Antonin* par un sous-marin autrichien, à coups de canon.

« Il résulte des déclarations du commandant de l'*Antonin* que, s'il avait eu un canon de retraite, il aurait pu, sans doute, faire lever la chasse à son adversaire. Les procédés des sous-marins conduisent à envisager la nécessité de munir tous les bâtiments de moyens de défense, autant pour permettre à un navire d'échapper aux atteintes des sous-marins que pour avoir des occasions de les détruire. C'est indispensable aussi pour donner du réconfort aux équipages. »

Protection des routes par la multiplication des flottilles et par l'armement de tous les navires de commerce, n'est-ce pas la volonté exprimée, dès le début de 1915, par la Commission de la marine? Si nous le rappelons ici, c'est pour regretter qu'il ait fallu les graves épreuves de l'été de 1915, hélas! si faciles à prévoir, pour que celui sur lequel devait forcément retomber la responsabilité des faits en fût assez convaincu pour réclamer, disons-le, sans succès aussi, les seules mesures que notre simple bon sens nous avait fait entrevoir.

IV

L'INVENTAIRE DE LA SITUATION DRESSÉ PAR LE NOUVEAU COMMANDANT EN CHEF

Au moment où l'amiral de Lapeyrère ne voyait la délivrance de ses inquiétudes que dans l'abandon de son poste, la situation était devenue fatalement des plus graves. Nous ne pouvons en faire un exposé plus net qu'en citant la lettre suivante écrite le 2 novembre 1915 par son successeur, l'amiral Dartige du Fournet, au ministre de la marine, après avoir mesuré l'étendue de ses responsabilités :

« Dès que j'ai eu pris possession du commandement que le gouvernement de la République m'a fait l'honneur de me confier, dit-il, mon premier soin a été de chercher à me rendre compte de ce qu'étaient actuellement, dans la Méditerranée, le rôle, les droits et surtout les devoirs de celui qui dirige l'armée navale. De ce premier contact sont nées certaines réflexions que je vous demande la permission de vous soumettre.

« En raison même de son titre, le commandant en chef est censé tout diriger, et on le tiendra pour responsable de tout. En réalité, les circonstances de guerre actuelles *l'ont relégué à Malte ou à Bizerte, loin de tout le théâtre d'opérations, dans une sorte d'impuissance.*

« *L'Adriatique appartient entièrement aux Italiens* et la présence d'un prince de la maison de Savoie à la tête de

16

l'armée navale alliée qui opère dans ces parages rend très difficile la discussion de ce qui se passe au nord du canal d'Otrante.

« La même raison nous exclut des côtes de la Tripolitaine, et cependant, c'est en s'appuyant sur Cattaro d'un côté, sur les ports de la Cyrénaïque de l'autre, que les sous-marins ennemis cherchent à nous barrer la Méditerranée.

. . . .

. . . .

. . . .

. . . .

. . . .

. . . .

« *Les Dardanelles et Salonique sont le domaine de l'Angleterre.* Là, nous voyons une action énergique, sinon heureuse, mais toujours prête à s'étendre. C'est ainsi que l'amiral de Robeck, justement ému, je le reconnais, des torpillages si regrettables du début d'octobre, a envoyé dans les parages de Cerigo et dans la mer Égée des bâtiments de flottille, des sous-marins même, dont la présence parmi nos croisières est grosse de malentendus dangereux, parce qu'il n'y a pas unité de commandement. *Désordre, efforts discordants, impuissance relative du commandant en chef, voilà ce qu'il faut encore constater de ce côté.*

« Il n'y a guère que la côte de Syrie où la situation soit nette, parfaitement définie, et encore la défense du canal de Suez, qui se fera certainement par les Anglais au moyen d'une escadre française, pourrait-elle entraîner des discussions si nous n'avions le désir de les éviter.

. . . .

. . . .

« Loin de moi, monsieur le ministre, la pensée d'enfler mon rôle outre mesure, de vouloir tout commander à distance. Votre prédécesseur (1) en eut récemment la preuve, lorsqu'il m'a fait l'honneur de me demander si, malgré ma supériorité d'ancienneté, j'acceptais d'être en sous-ordre aux Dardanelles. Vous en aurez une preuve nouvelle si vous voulez bien jeter un coup d'œil sur la copie ci-incluse des instructions que j'adresse aux vice-amiraux en sous-ordre. Le duc des Abruzzes, l'amiral de Robeck, les vice-amiraux de notre armée navale sont des chefs hors ligne dont l'action doit se développer librement. *Mais il y a une coordination indispensable des efforts, des liaisons nécessaires entre les divers théâtres d'opération, des limites à assigner à chacun, des renforts à donner à l'un des bâtiments, inutiles à réclamer à l'autre.*

« Je sais bien qu'on peut toujours avoir recours à votre haute autorité, vous demander d'agir près des gouvernements étrangers, et, en attendant l'effet de votre intervention, tenter d'user de persuasion. Mais la persuasion est mieux à sa place en temps de paix qu'en temps de guerre. J'y aurai recours tant que durera la situation actuelle où nous jouons un rôle si effacé. *Il est malheureusement visible aux yeux de tous que la marine française forme ici*

(1) M. Augagneur venait d'être remplacé par l'amiral Lacaze.

une sorte de réserve vouée à soutenir des actions étrangères dont la genèse et le développement lui échappent, jusqu'au jour où elle aura à pallier des erreurs dont elle ne sera pas responsable, mais dont elle portera le poids...

. . . .

. . . .

« Telle est la situation que j'avais le devoir de vous exposer, monsieur le ministre. Mais si je vous dois la vérité, je ne voudrais pas que vous voyiez, dans ce premier rapport que j'ai l'honneur de vous adresser, le moindre symptôme de doute ou de découragement. Je vous demande d'y voir seulement le regret de sentir sans emploi actuel la plupart des admirables ressources matérielles et morales de l'armée navale.

« Notre espoir est dans votre appui sans lequel nous ne pouvons rien, dans votre connaissance complète de la situation, dans la conviction que vos ordres auront toujours pour but d'assurer notre prépondérance dans la Méditerranée.

« Nous attendons ces ordres avec confiance, et nous vous renouvelons tous, ici, l'expression de notre respectueux dévouement.

« *Signé* : DARTIGE DU FOURNET. »

Cette lettre, remarquable par l'élévation des sentiments qu'elle exprime en toute indépendance, avec l'autorité d'un chef ayant le sens exact de la grandeur de ses devoirs et de ses responsabilités, pourrait servir d'épilogue à notre travail.

Ce que constate le nouveau commandant en chef de l'armée navale est exactement ce que nous n'avons cessé de déplorer au cours de ce livre en suivant la genèse des faits, en particulier depuis le 16 août 1914, date de notre première abdication.

Nous l'avons montrée, nous aussi, peu à peu reléguée à Malte ou à Bizerte, loin de tous les théâtres d'opération, dans une sorte d'impuissance, mais néanmoins tenue responsable de tout, parce qu'on a laissé à l'amiral qui la dirige un titre de commandant en chef *in partibus*, n'ayant d'autre but que de ménager notre amour-propre national, mais sans autorité. Et comment s'étonner que le nouveau venu, faisant l'inventaire de sa situation, n'y voie que « *désordre et impuissance* » et ne déplore qu'« *il est malheureusement visible que la marine française ne forme, en Méditerranée, qu'une sorte de réserve vouée à soutenir des actions étrangères dont la genèse et le développement lui échappent, jusqu'au jour où elle aura à pallier des erreurs dont elle ne sera pas responsable, mais dont elle portera le poids* ».

Constatation d'une situation navrante, s'il en fut, mais dont la responsabilité ne saurait être atténuée, ni par les remerciements envoyés le 10 octobre par le ministre de la marine à l'amiral de Lapeyrère, au nom du gouvernement, ni par la mise à l'ordre du jour de l'armée navale de celui qui venait de la quitter. Une pareille citation ne peut apparaître, après tout ce que nous avons dit, que comme un propos destiné à dérouter le cours de l'histoire, et, de ce fait, nous avons le devoir de ne pas la laisser passer sans protestation.

Ce n'est pas sans étonnement, en effet, que nous avons pu lire un jour au *Journal officiel* :

« Est cité à l'ordre de l'armée :

« Vice-amiral Boué de Lapeyrère (A.-E.-H.-G.-M.), commandant en chef la 1ʳᵉ armée navale : Par une préparation intensive de trois années, dirigée avec une grande autorité et une remarquable énergie, a porté l'armée navale à un degré d'entraînement tel qu'à l'heure de la guerre, le pays l'a trouvée parfaitement prête à l'action (1). A su prendre, depuis le début des hostilités, les meilleures dispositions pour maintenir le haut entraînement de cette force navale et pour assurer la sécurité des nombreux et importants convois de troupes sillonnant en tous sens la Méditerranée, qui est restée libre pour la navigation commerciale des alliés. A fait preuve, pendant les quatre années qu'il est resté à la tête de l'armée navale, des plus nobles et des plus hautes qualités de commandant en chef. (Décision ministérielle du 13 octobre 1915.) »

Oui, décision ministérielle, ainsi que le dit le *Journal officiel*, comme pour en laisser la seule responsabilité à qui l'a signée, mais décision particulièrement inopportune et se condamnant d'elle-même par les motifs sur lesquels elle est appuyée.

En effet, s'il est juste de dire que « la guerre a trouvé nos escadres prêtes à l'action », ce dont nous n'avons jamais douté, puisque nous sommes les auteurs principaux de leur force, nous n'avons que plus de raisons de regretter qu'elles n'aient rien entrepris alors que les cir-

(1) Voir, au sujet de cette affirmation, celle, absolument contraire, de l'amiral de Lapeyrère, paragraphe V du chapitre II, page 67.

constances étaient favorables, et que l'on n'ait pas profité de notre supériorité écrasante dans la Méditerranée et de la liberté que nous y avions pour poursuivre des résultats dont l'influence sur les suites de la guerre eût été certainement capitale.

Il y a d'autant moins matière à louanges de ce côté que, comme nous l'avons montré dans notre chapitre III, relatif à notre action dans l'Adriatique, le gouvernement avait exprimé, au sujet d'une action décisive, «un désir formel» auquel il ne fut répondu que par un semblant de tentative.

Nous trouvons aussi dans la citation que « les meilleures dispositions ont été prises par le commandant en chef pour assurer la sécurité des nombreux et importants convois sillonnant en tous sens la Méditerranée ». Si cela se rapporte au présent, c'est une affirmation particulièrement audacieuse, au lendemain de la constatation des mécomptes qui, d'après ce que nous avons vu, ont amené ce même commandant en chef à se déclarer impuissant à poursuivre son œuvre. Mais si cela se rapporte au passé, qu'il nous soit permis de rappeler que le plus sérieux grief que nous ayons invoqué contre l'amiral de Lapeyrère est l'entêtement avec lequel, contrairement aux ordres réitérés du gouvernement s'appuyant sur une délibération du Conseil de la Défense nationale, il s'est attaché, pour protéger les transports de troupes contre des dangers ne pouvant survenir que par des issues faciles à garder, aux méthodes les plus épuisantes et les moins sûres, le conduisant fatalement à abandonner certains objectifs militaires qui, s'ils avaient été sérieusement envisagés, auraient assuré, en même temps que la tranquillité des transports, des résultats d'importance capitale dont un des moindres eût été de s'opposer à l'évasion du *Gœben* et du *Breslau*.

Un pareil ordre du jour a pu avoir pour but de dérouter un instant les critiques que la Commission de la marine de guerre n'avait jamais cessé de faire, depuis le mois de janvier 1915, au sujet de la manière dont avaient été conduites nos opérations navales dans la Méditerranée, mais elles ne sauraient atténuer le profond dépit que nous a fait éprouver la faillite des espoirs que nous permettait d'escompter notre situation navale dans la Méditerranée. Elle se présentait, de ce côté, dans des conditions spéciales qui ne permettent pas d'invoquer, pour en excuser les inerties, les difficultés que, dès l'avant-guerre, l'Allemagne avait accumulées dans les eaux basses de ses rivages, et qui rendaient à peu près impossible à la marine anglaise toute action brusquée de grande envergure de ce côté. Il n'existait rien d'analogue là où nous avions accepté l'honneur et la charge de faire besogne de guerre. Tout y appelait l'action qui, conçue et poursuivie à temps avec la conscience de son utilité, aurait certainement eu les chances les plus sérieuses de donner des résultats décisifs.

CHAPITRE VI

LA GUERRE SOUS-MARINE

I

LA SURPRISE DU DÉBUT

Notre travail serait incomplet si nous n'y consacrions pas un dernier chapitre à la guerre sous-marine, qui, sans avoir eu sur les événements une action aussi décisive que l'auraient souhaité nos adversaires, n'en a pas moins occasionné des troubles graves dans nos communications à travers les mers dont la puissance de nos flottes et même de nos flottilles paraissait devoir nous assurer la maîtrise absolue, et la perte de douze millions de tonnes de navires de commerce.

C'était une illusion ; l'esprit d'entreprise des Allemands devait y faire brèche, et elle nous a coûté cher. Nous l'aurions payée bien davantage encore, si la course audacieuse des submersibles ennemis n'avait pas été entravée par les énergies nouvelles qui se sont manifestées au lendemain du jour où, dans une claire vision de l'impuissance des moyens matériels qu'il avait à sa disposition, l'amiral de Lapeyrère avait marqué par un acte suprême qu'il ne voulait pas assumer pendant une heure de plus des responsabilités qui, pour la plupart, n'étaient pas de son fait, et si son départ n'avait pas été presque immédiatement suivi de la démission de M. Augagneur.

L'action sous-marine, telle qu'elle fut pratiquée par l'Allemagne, a été certainement, et nous devons le reconnaître, parmi les nombreux imprévus de cette guerre qui en a tant connu, un des plus déconcertants. Encore aujourd'hui, peut-être aujourd'hui plus qu'hier, même en présence des résultats obtenus par notre adversaire, elle apparaît comme la plus déplorable utilisation, militairement parlant, d'un instrument qui aurait pu être particulièrement redoutable si l'on en avait poursuivi l'emploi dans l'esprit qui avait inspiré ses créateurs. Mais il n'en existe pas moins que, mis au service d'une conception nouvelle qu'on était d'autant moins prêt à envisager qu'elle ne pouvait être pratiquée qu'au mépris des principes les moins contestés du droit international, toutes les prévisions faites avant la guerre, en vue de la défense contre les sous-marins, s'en trouvèrent complètement déroutées. On n'avait envisagé, jusque-là, leur action que contre les navires de guerre. La marine française, qui avait été l'initiatrice du nouvel instrument de combat, ne lui avait d'abord assigné qu'un rôle essentiellement défensif pour la protection directe des côtes contre les bâtiments pouvant venir les bombarder ou attaquer nos ports. Ses faibles dimensions ne permettaient pas alors de faire davantage.

Lorsque, dans une inspiration de génie, M. Laubeuf conçut la possibilité de leur donner un rôle offensif en créant le submersible qui, grâce à l'extension de son rayon d'action et à ses facultés de vie à bord, devenait capable de porter l'action sous-marine plus loin, il ne visait encore que le but limité d'aller attaquer les bâtiments ennemis sur leurs propres rivages. Mais la voie qu'il avait tracée permit d'apercevoir que, par des augmentations successives de tonnage, on pourrait accroître l'endurance, l'habitabilité et la puissance militaire de ces petits bâtiments, et c'est alors qu'on songea à les orienter vers la lutte en haute mer, contre les escadres ennemies, en restant en liaison avec leurs propres cuirassés.

Nous en étions là quand se déchaînèrent les événements de 1914. En vue de la guerre entre la Triple Alliance et la Triple Entente, qui apparaissait depuis quelques années comme la plus vraisemblable, et qui, par conséquent, devait fixer nos préoccupations, nous nous étions mis en mesure de nous présenter en forces au moins égales contre le bloc austro-italien, et notre effort se trouvait orienté du côté des champs de bataille en haute mer, en y faisant converger toutes les armes et tous les navires, même de flottilles.

Ce courant d'idées était d'ailleurs le même, du moins en apparence, dans toutes les marines. On avait créé des flottilles sous-marines pour concourir à l'attaque des escadres ennemies, et, pour se prémunir contre celles de l'adversaire, on avait, soit le canon des grands navires eux-mêmes, soit l'artillerie d'un rideau de torpilleurs disposé autour des escadres de ligne, à plus ou moins grande distance. Accessoirement, on avait envisagé des dispositifs de protection des escadres au mouillage par filets et grand'gardes.

Contre les incursions de sous-marins isolés s'attaquant

aux navires sans défense, il n'y avait rien en dehors de la surveillance que pouvaient exercer nos flottilles, comprenant, dans la Manche : 30 sous-marins, 40 contre-torpilleurs et 84 torpilleurs ; dans la Méditerranée : 20 sous-marins, 44 contre-torpilleurs et 53 torpilleurs.

Le tableau ci-dessous donne, en même temps que ce que nous avions à flot et en construction au début de la guerre, la situation, au même moment, des flottilles de nos alliés et de nos adversaires :

PUISSANCES	SOUS-MARINS		CONTRE-TORPILLEURS		TORPILLEURS	
	En service	En construction	En service	En construction	En service	En construction
France..........	50	25	85	12	137	»
Angleterre.......	75	26	208	35	59	»
Russie..........	28	25	93	43	39	»
Allemagne.......	26	?	120	24	50	»
Autriche........	6	8	25	6	54	»

Il ressort de ce tableau que la supériorité des flottilles de la Triple Entente était considérable au début, mais, dès le mois de mars 1915, on pouvait s'apercevoir de l'effort accompli par l'Allemagne et l'Autriche, en vue de la multiplication de leurs sous-marins (1). L'esprit d'entreprise dont nos ennemis ont donné de si nombreux exemples leur avait fait apercevoir le parti qu'ils

(1) Il ne nous est pas possible de donner des chiffres exacts à ce sujet, mais on est d'accord pour reconnaître que, dès le printemps de 1915, les Allemands avaient déjà 70 submersibles en service et 70 en construction.

pouvaient tirer du nouvel instrument de combat, non
seulement contre les forces bloquantes qui s'offraient
abondamment à leurs coups, mais aussi contre les
flottes désarmées de transport et de ravitaillement que
la guerre allait mettre en mouvement. Il y avait là, pour
eux, un élément d'activité qui ne tarda pas à se révéler
sous la forme d'actions indépendantes et isolées qui cau-
sèrent aux marines alliées, dès qu'elles se produisirent
dans la Manche et dans la mer du Nord, des inquiétudes
d'autant plus vives que, comme nous venons de le reconnaître, rien n'avait été prévu pour s'en défendre effi-
cacement.

Nous devons malheureusement ajouter qu'il fallut de
longs mois pour parer aux lacunes que les graves événements qui se passèrent dans la Manche, à la fin de 1914
et au début de 1915, affirmaient avec une évidence déses-
pérante. Ce n'est effectivement que le 15 février 1915,
c'est-à-dire six mois après le début des apparitions sous-
marines allemandes, que fut décrétée la création des
flottilles spéciales qui, depuis, firent la preuve de leur
efficacité.

II

L'ÉTAT-MAJOR GÉNÉRAL PROPOSE DES MOYENS DE DÉFENSE. LE MINISTRE RÉSISTE A LEUR APPLICATION JUSQU'EN FÉVRIER 1915

Lorsque nous eûmes connaissance d'un pareil retard par une réponse qui nous avait été faite par le ministre de la marine dans notre séance du 11 mars 1915, la question de la responsabilité se posa d'elle-même.

« N'y avait-il pas un plan élaboré par l'état-major général au mois d'octobre 1914 ? » avait demandé M. Chaumet. — « J'ignore ce plan », avait répondu M. Augagneur.

Nos moyens d'information ne permettaient pas de répondre d'une manière ferme à une dénégation aussi nette. Mais nous sommes aujourd'hui en mesure de prouver que l'affirmation de notre collègue était exacte et qu'il y avait, en effet, des propositions anciennes concernant l'organisation des flottilles, faites par l'état-major général, qui, en cette affaire comme en bien d'autres, avait eu le sens exact de son devoir.

La première trace de ses préoccupations se trouve dans le télégramme suivant, adressé le 1er novembre 1914 à l'Amirauté anglaise par l'intermédiaire de notre attaché naval à Londres :

« Nous avons adressé à amiral *Marseillaise* le télégramme suivant, que nous vous communiquons en vous demandant de nous faire connaître votre avis : Seul

moyen efficace empêcher action des sous-marins ennemis
dans pas de Calais et Manche orientale et de les détruire,
semble être de faire parcourir jour et nuit cette partie de
la Manche par des râteaux de torpilleurs et de bâtiments
légers. Si Amirauté partage cette manière de voir, il
conviendrait de vous entendre avec elle pour que l'action
des flottilles anglaises et françaises soit bien coordonnée
et dépende d'une seule direction.

« *Signé* : PIVET. »

C'était la manière correcte d'engager avec l'Amirauté
anglaise, qui avait la charge de la protection de ces
parages, la conversation pouvant entraîner la coordination indispensable des efforts, dans la voie nouvelle où
l'état-major général français entrevoyait les solutions
désirables.

Le 6 novembre, l'Amirauté répondait :

« Amirauté ne désire pas que les chalutiers à vapeur
français soient placés sous pavillon britannique ni armés
avec équipages anglais. Sa proposition est que vous orga-
nisiez, au moyen de chalutiers français, sous l'autorité
d'officiers français, un service de patrouilles distinct de
celui des râteaux de torpilleurs, et superposé à ce disposi-
tif. Le but est d'organiser une chasse active des sous-
marins de jour et de nuit dans toute la partie de la
Manche limitée à l'est par la ligne Dungeness-Boulogne
et à l'ouest par la ligne Beachy Head-la Somme, pour
les empêcher de venir en surface, et de les détruire s'ils
y viennent. Si cet arrangement peut être exécuté, la

17

protection des transports de troupes entre l'Angleterre et la France y gagnera grandement. »

Deux jours après, l'état-major général, sentant la nécessité de l'effort immédiat dans les voies acceptées par l'Amirauté, adressait à notre ministre de la marine le rapport suivant :

Rapport au ministre, du 8 novembre 1914, relatif à la protection contre les sous-marins.

« Monsieur le Ministre,

« La présence incontestable de sous-marins ennemis dans la Manche et la nécessité de rendre absolument libre et sûre la circulation, dans cette mer, de tous les transports de troupes et de blessés, *nous oblige à prendre, d'extrême urgence, toutes les mesures utiles.*

« La seule façon de rendre impossible une croisière prolongée de sous-marins dans une zone donnée est de faire parcourir constamment, jour et nuit, par un nombre aussi grand que possible de petits bâtiments, espacés de façon que, le jour, un périscope ait peu de chances de passer inaperçu et que, de nuit, un sous-marin en surface soit certainement découvert. Il est évident qu'un nombre considérable de bâtiments est nécessaire pour exercer dans ces conditions la surveillance de la Manche orientale, qui est la plus menacée, et que nos flottilles de torpilleurs sont numériquement insuffisantes pour une pareille tâche. Mais nous pouvons disposer, dans la Manche, d'un grand nombre de chalutiers qui, armés d'un canon de 47, rempliraient très bien ce rôle.

« C'est à ces bâtiments que nous songions quand nous avons, par le télégramme 122, insisté près de l'Amirauté anglaise sur la nécessité de faire parcourir la Manche par des râteaux de torpilleurs et bâtiments légers, et l'Amirauté a eu la même idée, puisque, dans son télégramme, elle parle aussi de chalutiers.

« Les détails de l'organisation de ces flottilles de chalutiers sont à étudier avec l'amiral Favereau et la direction militaire de la flotte, qui, déjà pressentie, ne voit aucune impossibilité à fournir aux bâtiments en question les quelques hommes nécessaires pour compléter leurs équipages commerciaux.

« Mais, avant de commencer cette étude, qui devra être menée très rapidement, je demande au ministre de vouloir bien en approuver le principe.

« Je me permets d'insister sur l'utilité et l'urgence d'une pareille solution.

« *Il faut à tout prix, sur tous les théâtres d'opérations, sortir de la passivité qui est jusqu'ici la caractéristique des opérations navales des alliés, et qui, déjà, leur a causé des pertes considérables.*

« Le chef d'état-major général,

« *Signé* : PIVET. »

Ce rapport fut annoté comme suit par le ministre :

« Approuvé, sauf la dernière phrase, qui ne paraît pas répondre à la réalité des faits. D'autre part, comment distinguera-t-on aisément, la nuit, les chalutiers armés des chalutiers pêcheurs à qui on interdit la pêche et qui, s'ils sont nombreux, devront multiplier les signaux de reconnaissance?

« Signé : AUGAGNEUR. »

La froideur de l'approbation, soulignée par une observation dont il serait difficile de percevoir la portée exacte, mais qui marquait au moins le peu d'enthousiasme du ministre pour la mesure proposée, n'était pas pour en hâter la solution. Ne la voyant pas venir, l'état-major général crut devoir rappeler ses propositions et insister dans un nouveau rapport, daté du 29 novembre, où il s'exprimait ainsi :

« Au début de novembre, la présence de sous-marins dans la Manche ne pouvant plus être mise en doute, j'avais demandé au ministre l'autorisation de constituer une flottille comprenant de très nombreux chalutiers armés de canons de 47, afin de faire exercer, dans les zones les plus importantes, une surveillance continue.

« Ce projet n'a pas eu de suite, et la seule mesure qui ait été prise est celle qui consiste à faire tendre des filets par quelques chalutiers, mesure très bonne, mais ne pouvant avoir que des effets très limités, tant que le nombre des chalutiers employés sera aussi restreint.

« Dans l'espace de trois jours, un sous-marin a coulé, étant émergé, en plein jour, à coups de canon et sous le feu même de nos forts, deux bâtiments anglais, et il est hors de doute que nous aurons de nouveaux et plus graves sinistres, si nous ne prenons immédiatement les mesures que comporte la situation.

« Ces mesures sont de trois sortes :

« 1º Mesures de surveillance ;

« 2º Mesures prises pour détruire les sous-marins aperçus ;

« 3º Mesures prises en vue d'amener les sous-marins à révéler leur présence.

« 1º MESURES DE SURVEILLANCE :

« *a*) La surveillance des zones à protéger doit être continue. L'arrivée après coup d'une ou plusieurs escadrilles sur le lieu où la présence du sous-marin a été signalée est, nous venons de le voir, une mesure absolument illusoire, et elle a l'inconvénient de priver de toute surveillance, pendant un temps assez long, les points habituels de stationnement de ces escadrilles.

« Pour que la surveillance soit continue, il est indispensable qu'elle soit assurée par un grand nombre de chalutiers.

« *b*) La surveillance doit être complétée par des randonnées très fréquentes d'aéroplanes, qui peuvent explorer rapidement une grande étendue de mer et découvrir les sous-marins immergés, lorsque les eaux ne sont pas très troubles. Les avions devraient être munis des appareils de signaux par fumée, afin de pouvoir correspondre avec les bâtiments de flottille.

« 2º MESURES PRÉVUES POUR DÉTRUIRE LES SOUS-MARINS APERÇUS :

« Nous n'avons actuellement aucun moyen de détruire un sous-marin dont on a aperçu seulement le périscope. L'étude prescrite à Gâvres sur l'emploi d'un projectile spécial n'aboutira pas d'ici longtemps. Le seul pratique, et pouvant être réalisé rapidement, serait l'emploi d'une mine analogue à l'ancienne torpille de déblaiement, qui explose quelques secondes après son immersion. Ces mines, semées en chapelet autour du point où le périscope est apparu, réussiraient sans doute à détruire le sous-marin ou à l'avarier gravement.

« 3° MESURES PRISES EN VUE D'AMENER LE SOUS-MARIN A RÉVÉLER SA PRÉSENCE :

« Le mode d'attaque qui vient d'être employé par le sous-marin *U. 21* nous fournit un moyen d'amener le sous-marin à révéler sa présence et de le détruire.

« Il suffirait de réquisitionner un cargo de peu de valeur, auquel on donnerait un équipage très réduit, l'armer de canons soigneusement dissimulés et lui faire parcourir les zones où la présence des sous-marins est probable.

« Le projet ci-joint de M. l'ingénieur Dumanois paraît d'une réalisation facile. J'estime qu'il conviendrait de lui donner suite immédiatement.

« Telles sont les mesures que je considère comme *absolument nécessaires*, et que je demande instamment au ministre de vouloir bien approuver. L'état-major général s'empressera de les mettre le plus rapidement possible à exécution. Les dépenses qu'elles entraîneront seront peu élevées. La question de la dépense ne saurait du reste être prise en considération, quand il s'agit de mesures qui ont pour but d'éviter des désastres.

« Le chef d'état-major général,

« *Signé* : PIVET. »

Le rapport est pressant et particulièrement intéressant. Il est annoté par le ministre de la manière suivante :

« I. — Les propositions de l'état-major général, en ce qui concerne la constitution d'escadrilles de chalutiers armés de canons de 47, pour exercer la surveillance en Manche contre les croiseurs ennemis, ont été soumises au vice-amiral commandant la 2ᵉ escadre légère, chargé de la direction des opérations maritimes dans ces parages.

« Après examen, M. le vice-amiral Favereau a déclaré, par un télégramme du 15 novembre, que ces propositions ne lui paraissaient pas susceptibles de réalisation.

« II. — Il est peu probable qu'à cette époque de l'année, où le temps est souvent bouché, et dans la Manche, où la mer manque de limpidité, les explorations d'avions puissent être efficaces pour la recherche des sous-marins ennemis, surtout s'ils sont en plongée.

« Elles ne pourront d'ailleurs réussir qu'à la condition d'être effectuées par de nombreux appareils, que nous n'avons pas.

« D'autre part, l'état de la mer pendant la période d'hiver exige l'emploi exclusif d'aéroplanes terrestres, dont la marine n'est, pour ainsi dire, pas pourvue.

« L'organisation de ce service n'ayant pas été prévue en temps de paix par l'état-major général, *c'est toute une improvisation qu'il propose aujourd'hui, en pleine guerre.*

« Je ne m'y oppose pas, bien que je ne compte pas sur les services qu'elle rendra. C'est pourquoi j'ai autorisé l'envoi en mission du commandant Noël, chef du service central de l'Aéronautique.

« III. — Les indications de l'état-major général, au

sujet du chapelet de mines qu'il propose de semer autour
du point où un périscope a disparu, manquent de précisions suffisantes pour entraîner une décision de principe.

« IV. — Le projet du « cargo-tentateur » pour sous-
marin ennemi est original.

« Il est possible que la supercherie réussisse une première fois, si le secret a été bien gardé, mais je doute que
plusieurs sous-marins s'y laissent prendre. Néanmoins,
j'autorise son exécution dans des conditions aussi écono-
miques que possible.

Signé : AUGAGNEUR. »

Cette suite d'observations, ou plutôt d'objections,
n'était pas encourageante, et nous ne les discuterons pas.
Nous verrons, d'ailleurs, que deux mois plus tard l'amiral Favereau n'insistera pas sur les motifs de la résistance qui tint en échec les propositions de l'état-major
général et de l'Amirauté anglaise, au sujet de l'organisation des flottilles de chalutiers : nous en donnerons la
mesure en disant que le principal reposait sur le fait
qu'« *on n'avait pas fait la preuve qu'aucun chalutier anglais
eût détruit un sous-marin allemand* ». Mais nous croyons
devoir reproduire la partie de la réponse qui leur fut faite
par le chef d'état-major, en ce qui concerne le reproche à
lui adressé de n'avoir pas prévu à temps les mesures
qu'il réclamait pour le développement de la protection
par avions :

« Nous devons faire remarquer, y trouve-t-on, que nos
appareils d'aviation, à de très rares exceptions près,

peuvent être montés à volonté soit avec flotteurs, soit
avec roues ; mais il est injuste de reprocher à l'état-
major général de n'avoir pas prévu l'organisation du service de recherches par avions, puisqu'il avait, depuis plusieurs années, prévu et demandé l'organisation de ce service et l'installation d'avions sur nos côtes.

« Ce projet d'ensemble avait été soumis au ministre
le 14 janvier 1913, et on y insistait sur l'utilisation des
aéroplanes pour la recherche des mines et la surveillance
des sous-marins. Les crédits demandés ont été refusés en
1913, et votés seulement en juillet 1914. L'état-major
général ne peut en être rendu responsable.

« Beaucoup de choses ont, du reste, été improvisées
depuis le début de cette guerre, et l'état-major général
estime qu'il est de son devoir de chercher, *même dans
l'improvisation*, tous les moyens possibles de repousser
les attaques de l'ennemi. »

La note devait rester sans réponse et sans suite. La
doctrine du chef du département était tellement arrêtée,
au sujet de l'utilisation des aéroplanes, que, considérant
comme inutiles les 8 500 000 francs de crédits que, le
15 juillet 1914, le Parlement avait affectés à l'aviation
maritime, il les rendait au ministre des finances comme
« n'intéressant pas la défense nationale ».

« Déjà les hydravions ennemis survolaient nos mers »,
s'écriait avec dépit, à ce sujet, dans son excellent rapport
sur l'aviation maritime, notre collègue, M. Bouge ;
« bientôt l'Allemagne allait inaugurer avec les sous-
marins la forme de guerre la plus lâche, mais la plus
homicide qu'aient jamais dû subir des populations non

combattantes, et l'on abandonnait de gaîté de cœur un des moyens de s'en défendre !

« Qui donc, au ministère de la marine, a donné l'ordre de cette annulation de crédits? Le ministre? Le chef d'état-major? A cette question, nous n'avons pas obtenu de réponse », disait notre collègue.

Du moins, pourra-t-il la trouver ici : le ministre avait seul le droit de la donner ; il l'a fait sous son entière responsabilité, malgré l'avis du chef d'état-major général, en s'appuyant sur le principe qu' « on n'improvise pas en temps de guerre ! »

Quand on songe aux prodiges accomplis, pour mettre tout là où il n'y avait presque rien, par le génie d'improvisation d'où sont nées nos usines de guerre, et qui a fait surgir l'armée britannique (pour ne citer que ses plus belles manifestations), on reste stupéfait devant l'audacieuse affirmation contraire, qui n'explique, hélas ! que trop pourquoi on est resté si longtemps impassible contre des attaques sous-marines d'autant plus audacieuses et croissantes qu'elles se savaient moins enrayées.

En fait, la question de la création des flottilles était enterrée, comme celle de l'aviation, par la seule volonté du ministre, malgré les insistances pressantes et réitérées du service de préparation à la guerre, appuyées sur des faits d'un tel éclat qu'ils devaient, quand même, forcer un jour toutes les résistances.

Les menaces contre nos communications par mer devenant, en effet, chaque jour d'autant plus audacieuses qu'on ne leur opposait rien, il fallut bien reprendre la question, mais c'est de Londres que vint le rappel à la réalité, sous la forme d'une lettre de notre attaché naval, datée du 6 janvier 1915, et dont nous citerons les extraits principaux :

Monsieur le ministre,

« Par mon télégramme du 6 novembre 1914, j'avais eu l'honneur de vous faire connaître que l'Amirauté estimait désirable l'assistance de chalutiers français pour la poursuite des sous-marins ennemis dans la Manche.

« Aucune suite n'ayant été donnée à cette proposition, j'ai été invité par le Premier Lord naval à vous en saisir de nouveau.

« La question se pose de la manière suivante : La Manche est en ce moment infestée de sous-marins allemands qui la parcourent dans toute sa longueur, puisque le *Formidable* a été coulé à peu près sur le méridien de Bréhat, et le champ de mines placées au nord du pas de Calais ni la patrouille de torpilleurs dans le détroit ne sont efficaces pour les empêcher de passer.

« La raison me paraît être que ces défenses ne s'étendent que sur une longueur de 40 milles environ, que les sous-marins peuvent parcourir en plongée. Une fois cette zone franchie, les sous-marins peuvent, sans grands risques, revenir en surface la nuit, renouveler leurs provisions d'air et recharger leurs batteries.

« Or, presque chaque nuit, des transports portant des troupes, des chevaux et du matériel de guerre, traversent la Manche. Aucun de ces navires n'a encore été attaqué, il est vrai, mais il faut convenir que, malgré la faible protection des contre-torpilleurs qui les convoient, c'est là un pur hasard dont il est même permis de s'étonner. Une attaque sur un transport est possible par toutes les nuits suffisamment claires, et une seule attaque réussie pourrait avoir des conséquences très fâcheuses sur le recrutement et sur le ravitaillement de l'armée anglaise en campagne, car l'on pourrait être amené à retransporter sa base à Saint-Nazaire et à effectuer les transports depuis Bristol (1). . . . .

. . . .

« J'ai donc été invité à vous prier de vouloir bien examiner si la marine française pourrait contribuer d'une manière quelconque à cette défense. . . . .

. . . .

« En cas de difficultés de se procurer en France le type de navires convenables pour cet usage, il serait peut-être possible de les trouver en Angleterre et de les faire réquisitionner par l'Amirauté.

« *Signé* : DE SAINT-SEINE. »

Il était difficile de résister à une invitation aussi pressante, mais, au lieu d'agir sans délai, le ministre crut devoir soumettre la lettre de notre attaché naval à l'appréciation de l'amiral Favereau, sur lequel il s'était appuyé une première fois pour s'opposer aux suggestions de l'état-major général relatives à la création de flottilles de chalutiers.

« Je vous adresse, ci-inclus, lui écrivait-il le 13 janvier 1915, une lettre du capitaine de vaisseau, attaché naval

____

(1) Les parties pointillées sont relatives à des détails d'organisation

à Londres, nous transmettant une demande de l'Amirauté.

« La mesure que propose le Premier Lord est identique à celle que l'état-major général avait proposée lui-même en novembre dernier, et dont l'examen devient de plus en plus nécessaire, à cause des événements qui ont eu lieu dans la Manche.

« Je vous serais obligé de vouloir bien examiner à nouveau cette question et de me faire connaître votre opinion sur les propositions de l'Amirauté, tant au sujet du principe lui-même que de l'organisation de cette croisière. »

L'amiral Favereau fit, le 21, une très longue réponse, dans laquelle il s'efforçait d'excuser les motifs d'une première résistance que la marche des événements ne lui permettait pas de soutenir, mais dans laquelle il déclarait enfin, ce qui était l'essentiel, qu'il se rangeait, quant au fond, aux idées exprimées par l'état-major général, retour de Londres.

Le ministre donna, en conséquence, le 29 janvier, l'approbation nécessaire, qui fut traduite le même jour, par l'état-major général, dans une note d'exécution depuis longtemps préparée, adressée à la direction des services militaires de la flotte pour l'organisation des flottilles. Celles-ci furent définitivement constituées par un arrêt du 15 février 1915, après six mois et demi de guerre, et trois mois et demi après les premières propositions du vice-amiral Pivet.

Les services qu'elles ont rendus dès leur apparition, et que le ministre de la marine n'a pu manquer de souligner lui-même plus tard, ont largement démontré la valeur de la conception qui avait rencontré les résistances que nous venons de signaler, et qui ont permis à nos adversaires d'inscrire au bilan de leurs succès, pendant qu'elles se produisaient, c'est-à-dire du 20 novembre 1914 au 20 février 1915, les pertes suivantes :

23 novembre : vapeur *Malachite*, coulé à 4 milles au nord-ouest du cap de la Hève.

Le 26, vapeur *Primo*, coulé à coups de canon à 6 milles d'Antifer.

Le 1er janvier 1915, cuirassé *Formidable*, coulé sur le méridien de l'île Bréhat.

Le 30 janvier, vapeurs anglais *Taku-Maru* et *Icaria*, torpillés l'un à 7 milles au sud-ouest et l'autre à 15 milles au nord-ouest du cap d'Antifer.

Le 1er février, torpillage impressionnant, mais heureusement sans succès, du transport *Asturias*, à 15 milles au nord-nord-ouest du bateau-feu du Havre.

Le 15 février, charbonnier anglais *Dulwick*, à 6 milles au nord d'Antifer.

Le 14 février, vapeur *Ville-de-Lille*, près de Barfleur.

Pour ne compter que les pertes faites en vue de nos propres côtes, alors qu'il s'en produisait d'aussi graves sur la côte anglaise, où, notamment le 24 février, près de Beachy Head, trois vapeurs, *Westerre-Coast*, *Rio-Pavana* et *Haspallion*, étaient envoyés par le fond.

III

LES RÉSULTATS OBTENUS PAR LES FLOTTILLES ARMÉES DE CANONS SONT TELS QUE L'ON PROPOSE D'ARMER LES BATIMENTS DE COMMERCE. LE MINISTRE REFUSE

La réussite indiscutable de l'action des chalutiers, même faiblement armés, contre l'action des sous-marins démontrait avec évidence l'utilité de leur opposer, partout où cela serait possible, l'arme qui, en les obligeant à rester en plongée, leur enlevait le moyen de poursuivre avec leur vitesse de surface les bâtiments de commerce. D'où la pensée de munir ceux-ci de canons leur permettant, dans la plupart des cas, de se dérober à la chasse dont ils pourraient être l'objet, et qui sans cela risquait, comme cela s'est présenté si souvent, de se terminer par une attaque dans laquelle le sous-marin ennemi n'avait même plus besoin d'user ses torpilles pour accomplir son méfait.

L'idée de donner aux navires de commerce le canon pouvant assurer leur salut surgit presque partout à la fois. La Commission de la marine de guerre crut devoir s'en faire l'interprète auprès du ministre dans une lettre du 28 avril 1915, où elle la préconisait avec une grande insistance.

Voici la réponse qu'elle reçut, près d'un mois après :

« Paris, le 24 mai 1915.

« Monsieur le président.

« Vous avez bien voulu me faire part du désir exprimé par la Commission de la marine de guerre de voir mon Département étudier la possibilité, pour assurer la défense des bâtiments de commerce contre les sous-marins allemands, de faire armer ces navires de canons de 37 ou de 47 millimètres.

« J'ai l'honneur de vous faire connaître que la mesure proposée ne me semble pas devoir être adoptée.

« Il est d'abord permis de penser que son efficacité serait douteuse. Il n'y a pas d'exemple, jusqu'à présent, qu'un seul navire de commerce anglais, muni de canons (autres que les chalutiers armés spécialement), ait coulé avec son artillerie un sous-marin ennemi ou l'ait simplement mis en fuite.

« Elle pourrait avoir, par contre, pour conséquence, d'accroître le danger couru par les équipages. Ne pourrait-on craindre, en effet, que les sous-marins allemands, connaissant les possiblités d'armement des navires de commerce, ne se gardent dans tous les cas de les approcher en surface et les attaquent toujours en plongée, sans avis préalable?

« Il faut observer, par ailleurs, que la marine a déjà employé la presque totalité du matériel d'artillerie dont elle dispose, en vue d'armer tous les chalutiers, yachts et autres petits navires destinés à la chasse des sous-marins. Ces navires effectuant un service continuel de patrouilles, on a ainsi réalisé une utilisation de matériel d'artillerie supérieure à celle qu'aurait permis d'obtenir l'armement des navires de commerce, parcourant avec beaucoup moins de fréquence les zones où peuvent circuler les sous-marins ennemis.

« J'ajoute enfin qu'au point de vue même de la défense des navires de commerce, la protection la meilleure semble être celle qu'a permis d'assurer l'organisation de ces flottilles de bateaux légers spécialement armés et parcourant en groupes les zones où les sous-marins sont signalés. Cette organisation, réalisée dans la partie de la Manche surveillée par la marine française, a donné d'excellents résultats, puisque, depuis plus de deux mois, nous n'y avons perdu aucun navire.

« Signé : AUGAGNEUR. »

S'il nous est agréable de souligner, dans la dernière phrase de cette lettre, la reconnaissance des services rendus par l'organisation d'un système de défense que le département de la marine avait mis tant de résistance à organiser, malgré les demandes pressantes de notre état-major de la marine et de l'Amirauté anglaise, nous ne pouvons manquer de faire remarquer que la lettre qu'on vient de lire est la répétition, sous une autre forme, des arguments négatifs sur lesquels s'était appuyée la résistance à la création des flottilles de chalutiers.

C'est avec l'espoir que l'on pourrait peut-être arriver à surmonter les derniers comme on l'avait fait pour les premières, qu'au nom de la Commission de la marine de guerre, son président par intérim adressa la lettre suivante au ministre, le 1er juin 1915 :

18

« Monsieur le Ministre,

« J'ai l'honneur de vous informer que j'ai donné connaissance à la Commission de la marine de guerre, dans sa séance du 28 mai, de la réponse que vous avez bien voulu faire à notre lettre du 28 avril, dans laquelle nous exprimions le désir de voir étudier par votre Département la possibilité de délivrer aux bâtiments de commerce quelques canons légers de 37 ou de 47 millimètres, en vue de leur défense contre les sous-marins allemands.

« La Commission a immédiatement délibéré, et elle m'a donné le mandat d'insister auprès de vous pour que, malgré les raisons que vous exposez, l'idée qu'elle vous a soumise ne soit pas définitivement abandonnée.

« Parmi les arguments présentés contre elle, un seul serait sans réplique : il n'est pas douteux que, s'il est impossible de se procurer les armes nécessaires, il n'y a rien à faire. Mais est-ce bien sûr? Et c'est parce que votre affirmation n'est pas très catégorique à ce sujet, et ne peut l'être, que nous nous permettrons de discuter les autres points visés dans votre lettre.

« D'abord, est-il permis de déduire de ce qu'il n'y a pas eu jusqu'ici d'exemple qu'un seul navire de commerce anglais muni de canons ait coulé un sous-marin allemand, — ce dont nous ne sommes pas sûrs, — pour que cela n'ait jamais lieu?

« Rien n'est moins certain ; mais nous pourrions, par contre, invoquer avec plus de raison qu'il nous suffit de savoir que pas un navire pourvu de ces engins défensifs n'a été coulé, pour que nous attachions du prix à en voir donner à ceux qui n'en ont pas. En dehors de l'action directe des canons, qui peut être plus ou moins heureuse, leur seule présence crée un effet d'intimidation de telle valeur que c'est certainement sur lui, bien plus que sur des résultats nettement positifs, que repose l'action des flottilles de bâtiments légers dont vous vantez, avec raison, l'efficacité, et que nous avons tant regretté de ne pas avoir vu organiser dès le début des hostilités, comme certains l'avaient demandé avec insistance. Tout bâtiment fréquentant les parages dangereux et muni de canons légers ne serait-il pas, en fait, un appoint de plus, apportant, sans frais, un concours utile aux flottilles qui agissent aujourd'hui sur nos côtes ?

« Reste l'argument de *droit*, et la crainte que vous déduisez de voir s'accroître les dangers courus par nos navires de commerce rencontrés par des sous-marins allemands qui, connaissant leurs possibilités d'armement, se garderaient dorénavant de les approcher en surface, pour ne plus les attaquer qu'en plongée, sans avis préalable.

« Hélas ! nos adversaires n'ont pas attendu, pour en arriver là, que nous leur en ayons fourni l'excuse, et il y aurait peut-être de la naïveté à s'opposer, au nom d'un principe d'ailleurs discutable, à l'emploi d'un moyen strictement défensif contre les conséquences de la plus effroyable violation de droit international que l'histoire des guerres maritimes ait jamais enregistrée.

« D'ailleurs, la question n'est plus entière : nos alliés les Anglais ne se sont pas arrêtés à de pareils scrupules. Nous avons tous vu, dans nos différents ports de commerce, des navires de leur nationalité pourvus des pièces que nous réclamons pour les nôtres. Ils n'ont pas hésité un instant à employer un procédé qui leur a été suggéré par un de nos compatriotes de Bordeaux, M. G. Barreau, qui a adressé à leur Amirauté, ainsi qu'à vous-même, le 3 février dernier, une lettre que vous avez laissée sans réponse, mais qui en reçut une immédiate, suivie d'application, du ministre de la marine alliée. Que nous le voulions ou non, nous serons confondus dans les représailles, et le mieux est d'en éviter les conséquences par un moyen qui, nous tenons à le répéter, n'est peut-être pas aussi illégal qu'on paraît le croire au Département de notre marine.

« En quoi pourrait-on assimiler, en effet, à une reprise de la guerre de course, abolie par la déclaration du 16 avril 1856, le fait de donner un ou deux canons à des navires de commerce, dans un but essentiellement défensif, contre des actes qui sont flétris par toutes les conventions internationales, surtout si l'on a le soin qu'ont pris nos alliés de les faire servir par des canonniers de l'État, qui, en somme, seraient absolument assimilables, dans le rôle que nous leur assignerions, aux détachements armés qui sont appelés à un moment donné à la protection de tel ou tel village encore habité.

« La Commission de la marine de guerre a autant que quiconque le souci de rester quand même sur le terrain du respect des conventions du droit international, parce qu'elle sait tout ce que le pays a gagné, à les observer, de respect et de sympathie ; mais elle pense qu'il ne faut pas pousser cette attitude jusqu'aux limites extrêmes au delà desquelles on risque d'être dupes de scrupules exagérés.

« C'est pour ces raisons, Monsieur le Ministre, que la Commission insiste d'une façon particulière pour que vous vouliez bien, dans le plus bref délai, répondre au désir, qu'elle vous exprime à nouveau, de faire tout ce qui sera jugé possible pour donner à notre flotte commerciale les moyens défensifs qu'elle réclame unanimement pour continuer son œuvre avec les moindres risques.

« Signé : Bienaimé. »

Cette lettre ne reçut aucune réponse et, en ce qui nous concerne, l'affaire en resta là ; mais il est intéressant de constater aujourd'hui que nous étions en plein accord avec l'état-major général dans nos observations.

Nous avons, en effet, trouvé son opinion exprimée dans une note rédigée par lui le 5 mai (c'est-à-dire avant la réponse faite à nos premières suggestions par le ministre), pour répondre à une demande d'armement des navires de commerce faite par le Comité des armateurs de France. L'argumentation qui y est soutenue est en contradiction absolue avec celle qui nous avait été opposée le 24 mai.

« Au point de vue du droit international, y trouve-t-on en effet, les hésitations que l'on pouvait avoir au début des hostilités n'ont plus actuellement de raison d'être. La conduite des sous-marins allemands, depuis le 18 février, justifie l'armement défensif des navires de commerce, et les dangers d'attaque par les sous-marins ne seront pas augmentés du fait de cet armement. . . . .

. . . .

« Il est légitime, en présence des violations des conventions de La Haye commises par nos ennemis, et il ne rencontrera aucune difficulté de principe.   .   .   .

« *En ce qui concerne la question d'opportunité, il est incontestable que, dans le cas des vapeurs* Vosges *et* City-of-Cambridge, *la présence d'un canon de 47 millimètres à bord de ces navires eût suffi pour les sauver.*   .   .   .   .

« Il sera toujours loisible aux sous-marins allemands, lorsqu'ils se seront aperçu que la plupart des navires de commerce sont armés, de les attaquer en plongée sans avertissement préalable ; mais une telle façon de procéder ferait rapidement baisser leur approvisionnement en torpilles, et diminuerait, de ce fait, les dangers courus par la marine de commerce.   .   .   .   .   .   .

« En résumé, la question posée par le Comité des armateurs, par de nombreux officiers de la marine marchande et la Commission de la marine de guerre de la Chambre, ne soulève aucune difficulté au point de vue du droit international, et, au point de vue militaire, elle peut avoir une certaine efficacité. »

Et la note, qui est signée par l'amiral de Jonquières, donne une conclusion favorable à l'armement en canons de 47 millimètres, jusqu'à concurrence du chiffre des disponibilités (actuellement d'une quarantaine), des navires de commerce fréquentant la Manche et la mer du Nord, dont les armateurs feraient la demande.

Le 15 mai, le ministre y faisait la réponse suivante :

« Il n'y a pas lieu de donner suite aux demandes des armateurs tendant à armer les vaisseaux de commerce contre les sous-marins.

« Outre que cet armement n'aurait bientôt aucune efficacité (les sous-marins en évitant les conséquences par le torpillage constant en plongée, ce qui amènerait le plus souvent la perte des équipages), nous sommes incapables, sous peine de nous démunir complètement et de ne conserver aucune réserve de canons de 47 millimètres, de procéder à cet armement. »

Mais les demandes continuaient quand même à affluer, et, pour que nul n'ignore le parti auquel s'était arrêté le ministre, celui-ci crut devoir adresser à tous les préfets maritimes et commandants à la mer la circulaire suivante :

« 29 juillet 1915.

« J'ai reçu de divers côtés des demandes de munir les bâtiments de commerce d'un armement défensif pour les protéger contre les sous-marins. Ces demandes me sont adressées par analogie avec les mesures prises par l'Amirauté britannique, qui a autorisé certains navires de commerce, naviguant dans les parages fréquentés par les sous-marins ennemis, à porter un armement défensif.

« *Après étude de la question*, j'estime que cet armement présenterait plus d'inconvénients que d'avantages, et qu'il est préférable de ne pas en munir les bâtiments de commerce français. Je vous prie de répondre dans ce sens à toute demande de la sorte qui vous serait adressée directement.

« *Signé* : Augagneur. »

« Après étude de la question ! » dit le ministre. Peut-être, mais étude poursuivie avec ce parti pris d'absolutisme, de confiance en soi et de défiance des compétences qui caractérisa les actes de M. Augagneur, et dont le résultat eût été tout autre, s'il avait tenu compte des suggestions qui lui avaient été faites par les services techniques, par le Comité des armateurs, par tous les praticiens de la mer et de ses périls, ainsi que par notre Commission ; observations dont la valeur devait être soulignée d'une façon bien singulière, mais seulement quelques mois plus tard, hélas ! par l'amiral de Lapeyrère, dans sa lettre du 15 septembre, écrite sous le coup de l'émotion causée par les graves dangers que faisaient courir à nos transports la multiplication des sous-marins allemands dans la Méditerranée :

« L'exemple du vapeur anglais *Antilochus*, tirant sur un sous-marin qui le poursuit, et qui, s'il ne l'a pas coulé, l'a du moins obligé à plonger immédiatement et à renoncer à son attaque, écrit-il, a prouvé à quel point il serait utile de munir d'un canon, sinon tous les bâtiments de commerce, au moins tous les bâtiments portant des troupes et les bâtiments postaux.

« Dans les circonstances actuelles, où les bâtiments de commerce n'ont à redouter que les attaques de sous-marins, cette mesure aurait, à n'en pas douter, les plus heureux résultats.

« Un sous-marin ne peut pas courir le risque de recevoir un seul coup de canon, et plongera toujours dès l'ouverture du feu dirigé contre lui.

« Dans les circonstances actuelles, ces mesures ont, à mon avis, un degré d'urgence sur lequel il est, je crois, inutile d'insister.

> « *Signé* : DE LAPEYRÈRE. »

Les partisans, jusqu'alors si mal écoutés, de la mesure, n'avaient pas dit autre chose depuis cinq mois ; mais si l'on était resté sourd à leurs appels, celui du commandant en chef de l'armée navale était trop grave pour ne pas émouvoir profondément le ministre de la marine, dont l'inquiétude apparaît aussi subite que tardive dans la note du 20 septembre de son Cabinet, ainsi conçue :

« Le ministre désire que la question de l'armement des transports de troupes et des bâtiments postaux de la Méditerranée soit examinée d'*extrême urgence*, et que les propositions des services lui soient soumises dans le plus bref délai. »

Il était temps ! Il était même bien tard !

IV

LE DÉPART DE M. AUGAGNEUR
PERMET ENFIN D'ORGANISER LA DÉFENSE
CONTRE LES SOUS-MARINS

La mesure ordonnée, d'ailleurs trop parcimonieusement, car elle ne visait qu'un nombre très restreint de bâtiments, ne pouvait pas produire ses effets immédiatement. Nous perdions en septembre : *Aude, Ville-de-Mostaganem, Indien, Capitaine-Chauvelon* et *Ravitailleur* ; en octobre : *Provincia, Sainte-Marguerite, Antonin* et *Amiral-Hamelin;* en novembre : *Calvados, Sidi-Ferruch, Yser, France-III* et *Canada,* alors qu'après les mesures d'armement généralisées et de surveillance intensive ordonnées par le successeur de M. Augagneur, l'amiral Lacaze, dès le lendemain de son arrivée au ministère, nous ne perdons plus que six bâtiments pendant les mois de décembre, janvier, février, mars et avril : la *Ville-de-la-Ciotat,* le *Roubine,* le *Jean-Bart,* la *Provence-II* et le *Véga,* bien que le nombre des sous-marins ennemis se fût accru dans une proportion considérable, puisque, si l'on n'avait signalé que 60 apparitions de ces petits bâtiments dans les deux mois de septembre et octobre 1915, on en avait relevé 160 en novembre, 154 en décembre, 102 en janvier, 104 en février, 86 en mars et 114 en avril.

La proportion des pertes aux apparitions, qui était de 15 p. 100 pour les mois de septembre et d'octobre, tombait à 3,1 p. 100 en novembre et à 1,8 p. 100 pour l'ensemble des cinq mois suivants (1).

Sa décroissance donne la mesure de l'efficacité du système défensif auquel, malgré tous les avis des techniciens et celui de la Commission de la marine de la Chambre, le ministre s'était opposé de toute son autorité, pendant cinq mois, en n'invoquant, comme argument sérieux, que la pénurie des canons dont il disposait, alors que, dans les deux mois ayant suivi son arrivée rue Royale, c'est-à-dire dès le début de 1916, son successeur avait pu pourvoir à l'armement de :

9 transports de troupes : 4 canons de 65 et 47 millimètres.

27 charbonniers : 1 canon de 47 millimètres ;

52 paquebots : 1 canon de 47 millimètres ;

1 paquebot : 1 canon de 57 millimètres ;

1 paquebot : 1 canon de 65 millimètres ;

et qu'en outre 81 bâtiments de patrouille nouveaux avaient été pourvus de canons de 10 centimètres, de 95 millimètres et de 65 millimètres, avec, à l'arrière, un canon de 47 millimètres.

Nous avions, au même moment, rendu disponibles et prêts à être mis en place sur les navires de commerce, au fur et à mesure de l'entrée en service des affûts nécessaires, 122 pièces ainsi dénombrées :

44 canons de 90 de côte ;

4 canons de 90 de marine ;

(1) La moyenne resta de 1,7 p. 100 pour les vapeurs perdus du 1er mai au 20 août 1916, malgré la recrudescence de l'activité sous-marine allemande.

22 canons de 75 de campagne ;

44 canons de 75 sur affûts de casemate ;

10 canons de 77 allemands ;

2 canons de 75 de campagne adaptés au tir à bord.

Et l'amiral Lacaze pouvait annoncer en octobre 1916, à la Commission de la marine marchande, qu'il avait mobilisé depuis onze mois 1 638 pièces, avec lesquelles il comptait non seulement armer, mais pourvoir de canons plus puissants que ceux dont on avait dû se contenter jusque-là, tous nos navires de commerce à très bref délai.

« Vouloir, c'est pouvoir ». M. Augagneur n'avait jamais voulu.

L'armement de notre flotte commerciale, pas plus, d'ailleurs, que l'organisation des flottilles de chalutiers ou autres petits navires, ne pouvait nous mettre à l'abri, d'une manière complète, des accidents que la forme même des attaques sous-marines rend toujours possibles ; mais, à la guerre, où l'on ne peut espérer éviter tous les coups, il faut se contenter d'en parer le plus possible, et c'est le résultat que donnèrent les mesures énergiques prises depuis le 1er novembre 1915, puisque, sur près de 800 000 militaires ayant emprunté la voie de mer au cours de l'année 1916, nous n'en avons pas perdu plus de deux mille. Trop, sans doute, mais il est permis de dire que, bien que le sacrifice ait été douloureux, il est minime au regard des risques que l'ennemi avait voulu créer sur ce champ de bataille particulier. Il y a là un résultat dont on doit mesurer la grandeur aux terreurs rétrospectives dont on ne peut se défendre, à la pensée de ce qui serait advenu si nous étions restés dans l'état où se trouvaient les mesures défensives au moment où M. Augagneur a quitté le ministère.

Certes, nous devions subir encore de rudes épreuves. Au développement de nos moyens, l'ennemi ne pouvait manquer de répondre par une recrudescence d'efforts qui, au cours de l'année 1917, nous infligèrent des pertes cruelles, mais nous pouvons dire hautement que c'est par les procédés (1) qu'avait proclamés nécessaires l'état-major général dès le mois de novembre 1914, et dont M. Augagneur avait refusé l'application, que nous avons paré au danger que l'audacieuse incompétence de l'ancien ministre de la marine avait tant contribué à aggraver.

Là encore, et peut-être plus qu'ailleurs, car il ne les a partagées avec personne, il a assumé les plus graves responsabilités.

(1) C'est au développement progressif de ces procédés, dans la limite où nos moyens nous permirent de le poursuivre, qu'est due la faillite finale de la guerre sous-marine qui s'est affirmée en 1918, alors que les convois américains déversaient jusqu'à 300.000 hommes par mois dans nos ports de l'Océan et de la Manche.

RÉSUMÉ ET CONCLUSIONS

RÉSUMÉ ET CONCLUSIONS

Au mois d'août 1914, la France possédait la marine répondant à la politique des alliances qui ne pouvaient manquer de s'affirmer le jour où l'Europe se trouverait entraînée dans le conflit que paraissaient devoir engendrer les arrogances, appuyées sur les armements toujours croissants, de l'Allemagne.

Avec la prudence qui s'imposait à ceux qui, sans vouloir rien provoquer, n'en devaient pas moins prévoir, les gouvernements intéressés avaient autorisé les états-majors à examiner en commun les éventualités auxquelles il y aurait lieu de faire face ensemble si, comme on était en droit de le redouter, on se trouvait acculé à la nécessité de s'unir pour parer une attaque non provoquée ou pour répondre à la menace d'un événement risquant de troubler la paix du monde. Tout en spécifiant que les consultations entre spécialistes n'engageaient pas les gouvernements eux-mêmes, ils avaient admis que les plans arrêtés seraient pris en considération si les circonstances les y obligeaient.

Les travaux poursuivis par ces services avaient abouti à une convention qui fut confirmée dès les premiers jours de la guerre, d'après laquelle la Grande-Bretagne, avec le concours de quelques bâtiments français détachés sous les ordres de l'Amirauté, assumerait la charge des forces allemandes dans les mers du nord et sur toutes les mers du large, la France, avec quelques navires anglais détachés, ayant en Méditerranée la haute direction des opérations navales à entreprendre contre l'Autriche et l'Italie.

Pour répondre à ce programme, nous avions réuni dans cette mer intérieure, dès la fin de 1913, tous nos bâtiments de combat, formés en armée navale sous les ordres du vice-amiral de Lapeyrère.

Les circonstances ont fait que nous n'avons eu devant nous que la marine autrichienne et deux croiseurs allemands.

L'état-major général de la marine a compris tout de suite le parti que l'on pouvait tirer de cette situation particulièrement favorable.

Dès la première heure, alors que M. le sénateur Gauthier était encore ministre de la marine, les instructions les plus pressantes, appuyées de renseignements précis, furent envoyées au commandant de l'armée navale pour poursuivre le seul objectif qui se présentait à ce moment : la capture, la destruction ou la mise hors d'état de nuire des deux croiseurs allemands, *Gœben* et *Breslau*, qui, par suite de la déclaration de la neutralité italienne se trouvaient attardés en Méditerranée dans une posture extrêmement critique.

Les instructions adressées depuis quelques jours à l'amiral de Lapeyrère, et qui devaient se renouveler au cours de sa manœuvre, lui avaient rappelé avec insistance qu'il devait assurer la sécurité des transports des troupes d'Afrique *par la couverture à distance procurée par l'offensive prise par l'armée navale, dès le début des hostilités, contre tout adversaire flottant, en vue d'assurer la maîtrise de la mer dans la Méditerranée occidentale* ; que l'obligation, pour les transports, de faire route à toute vitesse excluait toute idée de convoi. On lui avait fait remarquer que les principes qu'on lui rappelait avaient été fixés dans des délibérations du Conseil supérieur de la Défense nationale, auxquelles il avait assisté ; que les instructions qui en étaient résultées avaient été rédigées en commun, et avec son concours, entre les départements de la marine et de la guerre, et que *celui-ci avait accepté la responsabilité de tous les risques que pouvait entraîner leur exécution.*

Nous avons dû constater que le commandant en chef, non seulement ne s'y est pas conformé, mais qu'il en a pris le contre-pied. Quand on assume des responsabilités allant jusqu'à la désobéissance formelle à des ordres reçus, on n'a d'excuse que dans le succès. Or, les faits ont démontré que c'est précisément parce qu'il ne les a pas exécutés que les croiseurs allemands ont pu s'évader.

L'action de notre état-major général apparaît aussi prévoyante et décidée, lorsque le 13 août, au moment où la guerre vient d'être déclarée à l'Autriche, il condense immédiatement, dans un télégramme dont nous avons fait ressortir la haute portée militaire, la pensée du gouvernement, qui avait eu la claire vision de ce qu'il fallait au moins essayer d'entreprendre dans l'Adriatique. Malheureusement, là encore, la façon dont les ordres furent interprétés par celui qui, ayant en mains l'instrument qui pouvait, dans le désarroi où se trouvait à ce moment l'Autriche, procurer d'heureuses surprises, ne l'entraîna qu'à la manifestation platonique du 16 août, dont nous avons parlé dans notre troisième chapitre, et qui, en limitant d'avance à une durée maxima de vingt-quatre heures l'effort dont le commandant en chef se croyait capable, paraissait ne vouloir être qu'une manifestation d'impuissance. L'indifférence qu'elle semblait attester chez le chef auquel le gouvernement de la République avait notifié, sous la forme confiante et résolue d'un « *désir formel* », la volonté de le voir entreprendre une action décisive sur un terrain où tant de choses étaient alors possibles, éclairait d'une façon singulière la désillusion dont on n'avait pu se défendre quelques jours avant, lors de l'évasion du *Gœben* et du *Breslau*.

Il apparaît malheureusement que les impressions qui se manifestèrent spontanément dans tous les milieux et chez les marins eux-mêmes, au sujet de l'inaction de l'armée navale de la Méditerranée, ne suscitèrent chez le ministre qui avait pris subitement la direction de nos affaires navales dans les circonstances les plus graves, et sans connaître le sens dans lequel le gouvernement avait voulu les engager, que la volonté de couvrir le commandant en chef et d'encourager son inertie.

C'était chez lui un parti pris absolu qui le rendait sourd à tous les appels que l'état-major général de la marine, dans la limite du tempérament des trois chefs qui se sont succédé à sa tête jusqu'en octobre 1915, ne pouvait manquer de lui faire entendre.

Le vice-amiral Pivet, qui avait cru devoir, à diverses reprises, insister pour donner à notre action navale les directions que la préparation à laquelle il avait participé lui faisait entrevoir, fut remercié. L'échange de notes que nous avons eu la chance de retrouver, et que nous avons citées à propos de l'organisation des flottilles et des diverses mesures à prendre pour la défense contre les sous-marins, nous a montré, en même temps que son esprit de prévoyance, d'ailleurs si mal interprété, le déplorable entêtement d'un ministre autoritaire décidé à s'affranchir de toutes les compétences actives, et pour lequel les intérêts supérieurs de la marine n'apparaissaient qu'en arrière-plan.

Si nous n'avons pas retrouvé la trace écrite de l'action de cet officier général sur d'autres questions, et notamment sur le choix des buts que nous aurions pu essayer de poursuivre dans l'Adriatique, — ce qui ne saurait nous trop étonner, puisque M. Augagneur, lui-même, s'est chargé de nous dire qu'il déchirait les notes qui ne lui plaisaient pas, — nous pouvons affirmer que c'est pour se débarrasser d'insistances lui paraissant insupportables que le ministre notifia au chef d'état-major général, en décembre 1914, l'ordre de départ qui marqua, en même temps que la mainmise, sur les directions de la guerre navale, du Cabinet du ministre désormais affranchi de toute critique ennuyeuse, le triomphe de la politique d'inertie qui devait nous conduire aux abdications successives que nous avons soulignées au cours de cet ouvrage.

Ce fut, d'abord, l'acceptation sans réserves de la

lettre du 27 janvier 1915, nous excluant de toute intervention dans la conduite de cette expédition des Dardanelles qui s'imposait à toutes les clairvoyances et s'offrait aux alliés comme une chance presque inespérée, car de sa réussite, qui pouvait être décisive si elle avait été bien conduite, dépendait l'attitude des États balkaniques, et le sort même de la guerre.

Or, au sujet de cette opération, dont la nécessité s'imposait à ce point que, par suite de son insuccès, les alliés ont dû envoyer sur les champs de bataille de l'Orient plus de quinze cent mille hommes de troupes avec des chances de réussite amoindries, nous avons eu le regret de constater qu'elle n'a jamais été même entrevue par celui qui, ayant la haute direction des opérations en Méditerranée, aurait dû en être l'initiateur, et le regret, plus grand encore, de voir que, lorsque l'Angleterre s'y est lancée d'urgence et comme en se cachant de nous, de peur de rencontrer les résistances que nous permettait la convention du 6 août 1914, notre ministre de la marine avait abandonné le rôle que nous aurions pu y remplir. A côté des grandes raisons d'influence qui nous faisaient un devoir de l'ambitionner, notre expérience des opérations combinées nous y donnait quelques droits, et si nous avions pu le jouer nous n'aurions pas manqué d'exercer une influence heureuse sur la marche des événements.

Là encore, nous avons aperçu la tentative de notre état-major général, mais, par la volonté de M. Augagneur, nous avions abandonné d'avance toute possibilité de la faire aboutir.

Et que dire de cette convention du 10 mai 1915 qui, après notre exclusion du champ d'opérations des Dardanelles, nous enlevait celui de l'Adriatique? Non seulement nous y perdions le droit de participation, mais même celui de regard sur ce qui pourrait se passer dans cette mer et ses abords, en dehors du cas où le duc des Abruzzes, reconnu comme commandant en chef dans cette région, aurait à nous demander notre concours pour réduire la flotte autrichienne si, contre toute probabilité, elle tentait jamais de sortir de ses repaires. Cette convention a pu donner au commandant en chef de notre armée navale la satisfaction dont nous avons relevé le témoignage au lendemain de sa signature, mais il n'en est que plus pénible de souligner qu'en dehors des inactions qui en sont résultées, et contre lesquelles nous n'avions même plus le droit de nous élever, elle a pesé lourdement sur les événements de la guerre sous-marine, en nous empêchant d'établir dans le canal d'Otrante et ses abords le barrage de flottilles qui, d'après toutes nos autorités maritimes, aurait constitué la manière la plus efficace d'arrêter les incursions des sous-marins ennemis qui trouvaient dans l'Adriatique, sur la côte autrichienne, les meilleurs refuges pour se lancer dans la Méditerranée.

Est-il exagéré de dire, après cette énumération rapide des faits principaux qui se sont déroulés sur le terrain dont nous avions la charge, et où la confiance des alliés nous avait d'abord attribué le commandement, que la politique navale que nous avons suivie a été néfaste et qu'elle a ruiné les espérances que nous étions en droit d'avoir? Convaincus, comme nous l'étions, par les leçons du passé, « de l'influence que la puissance maritime a toujours exercée sur le cours de l'histoire », nous avions voulu doter notre pays d'une marine puissante, et nous n'hésitons pas à dire que la grande guerre devait permettre d'ajouter une leçon de plus à toutes celles énumérées dans l'œuvre magistrale de l'amiral Mahan.

Nous en avions préparé les moyens matériels, et l'admirable tenue de nos marins sur tous les champs d'action où ils ont été appelés à témoigner de leur valeur traditionnelle nous garantissait leur bon emploi.

Ce livre permettra peut-être à nos contemporains, et plus tard à l'histoire, de juger qui s'est trompé, de ceux qui n'avaient pas hésité à demander à notre pays les sacrifices nécessaires pour créer la flotte qui aurait pu amener dans des conditions meilleures et plus rapides la conclusion du conflit qui, par sa longueur, a entraîné tant de misères, ou de ceux, ministre et commandant en chef, qui, ayant en mains l'instrument nécessaire, n'ont pas su ou n'ont pas voulu comprendre le parti qu'ils avaient le devoir d'en tirer.

PIÈCES ANNEXES

ANNEXE N° 1.

PIÈCES COMPOSANT LE DOSSIER DE LA COMMISSION DE LA MARINE DE GUERRE, RELATIF AUX OPÉRATIONS NAVALES DE 1914-1915.

1° Historique des opérations navales de 1914-1915, rédigé conformément à la décision du 3 mars 1916, par M. l'amiral Bienaimé, député. (Décembre 1916.)

2° Réponses faites par l'ancien chef d'état-major général, l'amiral Pivet, et l'ancien commandant de l'armée navale, l'amiral de Lapeyrère, à la communication de l'historique, et discussion de ces réponses par l'amiral Bienaimé. (Mars 1917.)

3° Examen du rapport de l'amiral Bienaimé, sur l'historique de la première année de guerre, par M. Augagneur. (Séance sténographiée du 18 juillet 1917.)

4° Déclaration lue le 25 juillet 1917, de l'amiral Bienaimé, en réponse au texte sténographié de M. Augagneur.

5° Enquête faite par M. Chaumet, ministre de la marine, sur les opérations navales du 3 au 8 août 1914. (Octobre 1917.)

6° Audition sténographiée de l'amiral de Lapeyrère devant la Commission de la marine.

7° Rapport sur l'affaire du *Gœben* et du *Breslau*, présenté par M. Abel, député, le 14 mai 1918 (1).

(1) Sur le point de mettre sous presse, nous apprenons que ce dossier a disparu du ministère de la marine.

ANNEXE N° 2.

LETTRES (1) ÉCHANGÉES ENTRE SIR EDWARD GREY ET M. PAUL CAMBON, AU SUJET DES TRAVAUX DES ÉTATS-MAJORS FRANÇAIS ET ANGLAIS, EN PRÉVISION D'UNE ACTION COMMUNE DES DEUX PAYS.

« *Sir Edward Grey à M. Paul Cambon, ambassadeur de France, à Londres.*

« Foreign Office, 22 novembre 1912.

« Mon cher ambassadeur,

« De temps en temps, dans ces dernières années, les autorités militaires et navales de France et de la Grande-Bretagne se sont consultées. Il a toujours été entendu que ces consultations ne restreignaient pas la liberté, pour chaque gouvernement, de décider le concours de leur force armée. Nous avons convenu que ces consultations entre spécialistes ne sont pas et ne doivent pas être considérées comme des engagements obligeant l'un ou l'autre gouvernement à agir dans une éventualité qui ne s'est pas produite et qui peut ne se produire jamais. La disposition actuelle, par exemple, des flottes françaises et britanniques respectivement, n'est pas basée sur une promesse de coopération en cas de guerre.

« Vous m'avez pourtant fait observer que, dans le cas où l'un ou l'autre gouvernement aurait un motif grave d'appréhender une agression non provoquée d'une tierce puissance, il pourrait devenir essentiel de savoir si, dans ce cas, l'un pourrait compter sur l'assistance assurée de l'autre.

« Je suis d'accord que, si l'un ou l'autre gouvernement

(1) Ces deux lettres ont été tirées de *Histoire de douze jours*, de M. Joseph Reinach; 1917, Paris, Alcan, éditeur.

avait un motif grave d'appréhender, soit une attaque non provoquée de la part d'une tierce puissance, soit quelque événement menaçant pour la paix générale, ce gouvernement examinerait immédiatement avec l'autre si les deux gouvernements *devraient agir de concert, en vue de prévenir l'agression ou de sauvegarder la paix, et, dans ce cas, discuter quelles mesures ils seraient disposés à prendre en commun.*

« *Si ces mesures comportaient une action, les gouvernements prendraient aussitôt en considération les plans de leurs états-majors et décideraient alors la suite qui devrait être donnée à ces plans.*

« Votre sincèrement dévoué,

« *Signé* : E. GREY. »

Dès le lendemain, 23 novembre 1912, notre ambassadeur répondait :

« Cher Sir Edward,

« Par votre lettre d'hier, 22 novembre, vous m'avez rappelé que, dans ces dernières années, les autorités militaires et navales de la France et de la Grande-Bretagne s'étaient consultées de temps en temps ; qu'il avait toujours été entendu que ces consultations ne restreignaient pas la liberté, pour chaque gouvernement, de décider, dans l'avenir, s'ils se prêteraient l'un l'autre le concours de leurs forces armées ; que, de part et d'autre, ces consultations entre spécialistes n'étaient et ne devraient pas être considérées comme des engagements obligeant nos gouvernants à agir dans certains cas ; que, cependant, je vous avais fait observer que, si l'un ou l'autre des deux gouvernements avait de graves raisons d'appréhender une attaque non provoquée de la part d'une tierce puissance, il deviendrait essentiel de savoir s'il pourrait compter sur l'assistance armée de l'autre.

. « Votre lettre répond à cette observation, et je suis autorisé à vous déclarer que, dans le cas où l'un de nos gouvernements aurait un motif grave d'appréhender, soit l'agression d'une tierce puissance, soit quelque événement menaçant pour la paix générale, ce gouvernement examinerait immédiatement avec l'autre si les deux gouvernements doivent agir de concert, en vue de prévenir l'agression ou de sauvegarder la paix. *Dans ce cas, les deux gouvernements délibéreraient sur les mesures qu'ils seraient disposés à prendre en commun; si ces mesures comportaient une action, les deux gouvernements prendraient aussitôt en considération les plans de leurs états-majors et décideraient alors de la suite qui devrait être donnée à ces plans.*

« Votre sincèrement dévoué,

« *Signé* : PAUL CAMBON. »

ANNEXE N° 3.

LETTRE ADRESSÉE PAR L'AMIRAL BIENAIMÉ AU PRÉSIDENT DE LA COMMISSION DE LA MARINE, POUR QUE SON RAPPORT SOIT SOUMIS A LA CRITIQUE DE L'AMIRAL DE LAPEYRÈRE.

« Paris, le 8 décembre 1916.

« Monsieur le président et cher collègue,

« J'ai l'honneur de déposer devant la Commission de la marine de guerre l'historique relatif à l'action de notre armée navale depuis le début de la guerre jusqu'à la fin de l'année 1915.

« Au cours de mon étude, qui a été particulièrement délicate, j'ai dû constater des faits d'une extrême gravité, principalement en ce qui concerne les directions données à la guerre sur mer par le commandant en chef de notre armée navale dans la Méditerranée. Mes appréciations n'ont eu d'autres bases que les ordres qu'il a reçus et la manière dont il les a exécutés, telle qu'elle m'a paru résulter de ses rapports mêmes.

« Mais je dois ajouter qu'ayant eu à m'entretenir, devant vous d'ailleurs, avec M. le président du conseil, de certaines appréciations relatives aux actes de l'amiral de Lapeyrère, M. Briand m'a affirmé que l'ancien commandant en chef de nos forces navales et des forces alliées dans la Méditerranée avait certainement un dossier permettant de le couvrir.

« J'ai cru alors, en toute bonne foi, devoir offrir à cet officier général de m'en donner connaissance ; la correspondance ci-jointe vous montrera que ma démarche est restée sans résultat. Je considère, cependant, qu'il serait utile que l'amiral de Lapeyrère fût mis à même, dans l'intérêt de la vérité que nous recherchons, de produire ses observations, s'il juge devoir en faire.

« Quelque incorrect que cela puisse paraître, et bien que cela aille à l'encontre de tout précédent, car je ne sache pas que jamais Commission parlementaire ait consenti à soumettre le travail d'un de ses rapporteurs à une personne n'appartenant pas à l'Assemblée avant de l'avoir examiné, je tiens à déclarer que je suis le premier à solliciter l'exception.

« Mais cette dérogation en appelle forcément une autre.

« J'ai été conduit à mettre en cause un autre officier général, qui a dû jouer par ses fonctions mêmes un rôle de la plus haute importance, le vice-amiral Pivet, chef d'état-major général.

« J'ai dû, faute de pièces, rester à son sujet dans le domaine des déductions, notamment en ce qui concerne les vues que n'a pu manquer de développer le service de préparation à la guerre, relativement aux possibilités d'action dans l'Adriatique. Il est indispensable que mes observations sur ce point puissent être infirmées ou confirmées.

« Pour y arriver, je demande qu'un exemplaire de mon étude soit envoyé simultanément à chacun des vice-amiraux

Pivet et de Lapeyrère par la voie officielle, qui, seule, a le pouvoir de le faire, en les priant de produire par écrit leurs observations sur les parties de l'historique dans lesquelles ils sont personnellement visés.

« Veuillez agréer, monsieur le président et cher collègue, les assurances de ma haute considération.

« *Signé* : Bienaimé. »

TABLE DES MATIÈRES

Préface du lieutenant-colonel Rousset...... 9

Avant-propos........................... 17

CHAPITRE I

La période préliminaire.

I. Situation des forces navales en Méditerranée.... 27
II. L'action des états-majors................... 30
III. L'attitude de l'Italie...................... 35
IV. La théorie de la flotte intacte............... 39

CHAPITRE II

L'évasion du *Gœben* et du *Breslau*.

I. Les instructions d'avant-guerre............. 45
II. Le *Gœben* et le *Breslau* entrent en scène........ 49
III. Ce que fait l'armée navale française pendant
que s'évadent les croiseurs allemands........ 54
IV. Nos cuirassés autour des transports.......... 63
V. Le *Gœben* maître de la mer................. 67
VI. La grave responsabilité du commandant en chef
de l'armée navale......................... 73
VII. Réponse de l'ancien chef d'état-major général
(le vice-amiral Pivet)........................ 76

VIII. Critiques de l'ancien ministre de la marine (M. Augagneur) 81

IX. Critiques du commandant de l'armée navale (le vice-amiral de Lapeyrère) 89

X. La responsabilité du ministre 103

CHAPITRE III

Dans l'Adriatique.

I. La convention du 6 août 1914 111

II. L'armée navale se concentre à Bizerte 116

III. L'affaire du 16 août 118

IV. Critique de l'opération 125

V. Atteinte grave à la convention du 6 août 131

VI. A la recherche d'une base en Adriatique 133

VII. Les randonnées inutiles de l'armée navale 137

VIII. Les plaintes du roi de Montenegro 140

IX. Les missions de M. Scarfoglio et de l'amiral de Bon 144

X. L'armée navale prend une attitude complètement passive 149

XI. Le torpillage du *Jean-Bart* 151

XII. Le torpillage du *Léon-Gambetta* 158

XIII. Les Italiens nous remplacent en Adriatique 162

CHAPITRE IV

Aux Dardanelles.

I. Pourquoi fallait-il aller aux Dardanelles, et comment? 169

II. L'Amirauté anglaise décide, seule, de faire l'expédition 171

III. M. Augagneur se soumet sans conditions 176

IV. L'expédition des Dardanelles et le « War Coun-
cil » 183
V. L'attaque navale du 18 mars et ses suites 194
VI. La coopération française aux Dardanelles 198
VII. L'abandon de l'expédition 218

CHAPITRE V

APRÈS L'ENTRÉE DE L'ITALIE DANS L'ALLIANCE.

I. Le rôle diminué du commandant en chef 227
II. Les sous-marins allemands en Méditerranée.... 231
III. Le ministre s'inquiète, l'amiral de Lapeyrère
démissionne 235
IV. L'inventaire de la situation dressé par le nou-
veau commandant en chef 241

CHAPITRE VI

LA GUERRE SOUS-MARINE.

I. La surprise du début 251
II. L'état-major général propose des moyens de
défense. Le ministre résiste à leur application
jusqu'en février 1915 256
III. Les résultats obtenus par les flottilles armées de
canons sont tels que l'on propose d'armer les
bâtiments de commerce. Le ministre refuse.... 271
IV. Le départ de M. Augagneur permet enfin d'organiser la défense contre les sous-marins 282

RÉSUMÉ ET CONCLUSIONS........................ 289

PIÈCES ANNEXES............................... 299

* 9 7 8 2 0 1 9 3 2 3 3 4 9 *